THE AWFULLY BIG QUIZ BOOK
Text copyright © Nick Arnold, 2000
Illustrations copyright © Tony De Saulles, 2000
All rights reserved.
Korean translation copyright © 2011 by Gimm-Young Publishers, Inc.
Korean translation rights arranged with Scholastic Ltd through EYA
(Eric Yang Agency)

이 책의 한국어판 저작권은 에릭양 에이전시를 통해 Scholastic Ltd와 독점 계약한
(주)김영사에 있습니다. 저작권법에 의하여 한국 내에서 보호를 받는 저작물이므로
무단 전재와 복제를 금합니다.

앗, 이렇게 재미있는 과학이!

소름 돋는 과학 퀴즈

닉 아놀드 글 | **토니 드 솔스** 그림 | **김은숙** 옮김

주니어 김영사

소름 돋는 과학 퀴즈

1판 1쇄 인쇄 | 2011. 6. 30.
개정 1판 1쇄 발행 | 2019. 12. 5.
개정 1판 4쇄 발행 | 2025. 5. 2.

닉 아놀드 글 | 토니 드 솔스 그림 | 김은숙 옮김

발행처 김영사 | 발행인 박강휘
등록번호 제 406-2003-036호 | 등록일자 1979. 5. 17.
주소 경기도 파주시 문발로 197(우:10881)
전화 마케팅부 031-955-3100 | 편집부 031-955-3113~20 | 팩스 031-955-3111

값은 표지에 있습니다.
ISBN 978-89-349-9852-5 74080
ISBN 978-89-349-9797-9 (세트)

좋은 독자가 좋은 책을 만듭니다. 김영사는 독자 여러분의 의견에 항상 귀 기울이고 있습니다.
전자우편 book@gimmyoung.com | 홈페이지 www.gimmyoung.com

이 도서의 국립중앙도서관 출판시도서목록(CIP)은 서지정보유통지원시스템
홈페이지(http://seoji.nl.go.kr)와 국가자료공동목록시스템(http://www.nl.go.kr/kolisnet)에서
이용하실 수 있습니다. (CIP제어번호 : CIP2019031387)

| 어린이제품 안전특별법에 의한 표시사항 | 제품명 도서 제조년월일 2025년 5월 2일
제조사명 김영사 주소 10881 경기도 파주시 문발로 197 전화번호 031-955-3100 제조국명 대한민국
사용 연령 11세 이상 ⚠주의 책 모서리에 찍히거나 책장에 베이지 않게 조심하세요.

차례

책머리에	7
의학이 으악으악	9
물리가 물렁물렁	27
우주가 우왕좌왕	49
화학이 화끈화끈	67
생물이 생긋생긋	86
공룡이 용용 죽겠지	113
앗, 이렇게 재미있는 과학이!	133

책머리에

과학은 수많은 사실을 다루는 학문이다. 그런데 그 수많은 사실을 선생님은 모두 아는 것 같다.

선생님이 모르는 사실을 알려 주는 책이 있다면 얼마나 좋을까! 그런 책만 있다면 여러분 인생은 180도 달라질 텐데…….

퀴즈와 만화가 잔뜩 들어 있고, 덤으로 선생님에게 낼 특별한 문제까지 들어 있는 책이 있다면 얼마나 좋을까! 그러면 과학 시간이 정말 기다려질 텐데…….

그래도 어떤 책인지 느낌이 오지 않는다면, 달리 생각해 보자. 과학을 오싹오싹하고 흥미진진하게 만들어 주는 이야기로 가득한 책이라고 상상해 보면 어떨까?
하지만 굳이 상상할 것도 없다. 지금 들고 있는 이 책이 바로 우리가 기다리고 기다리던 그 책이니까! 이제 상상은 그만 하고 책부터 읽어 볼까!

의학이 으악으악

의학은 사람의 삶과 죽음을 다루는 학문이다. 다시 말하자면 질병을 치료하고 예방하는 것과 인체를 연구하는 것이 의학의 목적이다. 의학은 공부할 게 참 많다. 그러니 여러분에게 의학을 가르쳐 줄 의학자를 소개한다.

의학 X-파일

우리 의학자는 병이 나면 몸이 어떻게 되는지 연구하고, 몸이 병과 어떻게 맞서 싸우는지 연구하는 사람이야. 주로 대학교나 제약 회사에서 일하지. 나는 대학교에서 일하며 내장이 바이러스에 맞서 어떻게 싸우는지 연구하고 있어. 지금은 바이러스에 감염된 생쥐를 지켜보고 있지만, 나중에는 사람을 연구할 생각이야. 그러자면 연구 대상이 필요한데, 혹시 그 대상으로 나서 볼 사람 어디 없을까?

그보다 먼저 의학 퀴즈부터 푸는 게 어떨까?

점수를 모두 더해서 장마다 끝에 있는 특점판에 총점을 적는다.

인체 퀴즈

질문에 따른 보기는 둘뿐이다. 그러니까 대충 찍어도 맞힐 확률은 절반인 셈!

1. 누구 체온이 더 높을까?
 남자 / 여자
2. 침팬지는 못하고 사람만 할 수 있는 것은?
 전구를 간다 / 청소년기에 쑥쑥 자란다
3. 사람은 못하고 카나리아만 할 수 있는 것은?

노래를 부른다 / 뇌가 커진다
4. 캄캄한 밤에 불빛을 볼 수 있는 거리는?
80.5km / 100m
5. 사랑앵무는 못하고 인간만 할 수 있는 것은?
방귀로 노래를 부른다 / 눈을 깜박인다

답(모두 5점):
1. 여자가 최대 0.3℃까지 높다. 하지만 남학생 여러분, 남자가 차가운 동물이라고 해서 차갑게 굴 필요는 없다.
2. 침팬지는 훈련을 받으면 전구를 갈 수 있다. 하지만 청소년기에서 성년기로 넘어가면서 아주 빠르게 자라는 동물은 사람밖에 없다.
3. 카나리아는 봄마다 노래를 새로 배우면서 뇌가 커진다.
4. 80.5km이다. 정말이다!
5. 방귀로 연주를 하다니! 그런데 정말 그렇게 연주하는 사람들이 있었다. 그중에서 가장 유명한 프랑스 조셉 퓌졸(1857~1945년)은 방귀로 플루트를 불고 촛불을 껐다. 그리고 죽음을 앞두고도 마지막 방귀 연주회를 열었다고 전해진다.

건강을 위한 경고!

뭐? 여러분도 그렇게 할 수 있다고? 아무리 그래도 가족하고 밥 먹을 때에는 방귀 재주를 선보이지 말기를 간절히 부탁한다. 잘못했다가는 개와 함께 밥 먹는 신세가 될 테니까.

나는 의사가 될 수 있을까?

1905년 프랑스 보리우 박사는 막 목이 잘린 살인자의 머리를 조사했다. 과연 어떤 일을 겪었을까?

a) 살인자가 "목을 놓아 불러 보는!" 하고 중얼거렸다.
b) 살인자의 이름을 부를 때마다 살인자가 눈을 번쩍 떴다.
c) 아무 일도 일어나지 않았다. 죽은 자는 말이 없는 법이다.

> 답(뒤집):
> **b)** 아무리를 부르는 피로 살인자가 눈을 떴다고 한다. 놀라운 일이다.

직접 해 보는 실험: 눈알 굴리기

> '직접 해 보는 실험'에서는 스스로 실험해 보고 답을 맞히는 문제가 나온다. 좋은 점은 답을 맞히면 4점이나 받는다는 것!

준비물:
- 두 눈알(혹시 잃어버릴지도 모르니 눈알을 두 개 더 준비한다.)

실험 방법:
다음에 나오는 내용을 잘 읽고 외운다. 도저히 외울 수 없다면, 눈꺼풀 안쪽에 적어 두거나 친구에게 불러 달라고 말한다.

1. 눈을 감는다.

2. 저 높은 곳을 보고 있다고 상상하면서 눈알을 위로 굴린다. 이때 머리는 움직이지 않는다.

3. 눈을 뜬다.

자, 뭐 느낀 거 없남?

> 답(4쪽):
> 눈을 빨리 깜빡거리는 것과 눈꺼풀이 떨리는 것 말고는 아무것도 느끼지 못했다고? 그렇다면 그건 당신이 정상이라는 증거다. 눈알을 움직이는 근육은 다른 근육에 비해 아주 작은 힘만 쓰기 때문에 운동을 시켜봤자 별 효과가 없다. 사실 눈알을 움직이는 근육은 몸 전체에서 가장 발달된 근육이라고 할 수 있다.

수학 퀴즈

이 퀴즈에서는 셈만 잘해도 답이 나온다. 참 간단하지? 게다가 계산기를 쓰고 싶다면 써도 좋다!

먼저 26에 34를 더한다.

1. 갓난아기 뼈는 몇 개? (26 더하기 34 곱하기 5)
2. 근육의 수는? (1번 답 더하기 350)

3. 관절의 수는? (2번 답 더하기 50 나누기 7)

4. 혈관은 몇 km일까? (3번 답 곱하기 1,000)

5. 신경을 길게 늘이면 지구를 몇 번이나 감을 수 있을까? (4번 답 빼기 99,996.25)

6. 하루에 근육이 만드는 힘을 모두 쓴다면, 아빠 자동차를 몇 m나 들어 올릴 수 있을까? (5번 답 더하기 1.25 곱하기 3)

7. 1분에 새로 생겨나는 적혈구 수는? 적혈구가 뭔지 모르는 어린이를 위해서 설명하자면, 적혈구란 붉은색 혈액 성분으로 가운데가 움푹 들어간 도넛 모양을 하고 있다. (6번 답 곱하기 100,000 빼기 300,000)

8. 머리카락은 하루에 몇 가닥이나 빠질까? (7번 답 빼기 200,000 나누기 10,000)

9. 겨드랑이 1mm² 당 세균은 몇 마리나 살까? 세균은 유식한 말로 박테리아라고 한

다. (8번 답 곱하기 8)

10. 가장 작은 근육은 길이가 몇 mm일까? (9번 답 나누기 800)

> 답(숫자 10장):
> 1. 300개 알로 깨드는 자라서 사람 몸드는. 그래서 아들이 된 임 뼈가 모두 206개로 줄어든다.
> 2. 650개
> 3. 100개
> 4. 100,000km
> 5. 3.75배
> 6. 15m 으러리 좋 뼈이 이미듬 들어 물률 들 수 없으니까 아에 마등 먹지 않자.
> 7. 120개 자텔르는 생에 0.5톤이 생가난다.
> 8. 100개 머리카락이 빠져도 대머리가 작성이니 자로 않는다.
> 9. 800마리
> 10. 1mm 귀 안에 있는 근육이기 때문에 자칭 잘 수 없다.

섬뜩한 먹을거리

몸이 하는 가장 흥미로운 일은 먹는 것이다. 그래서 다음 퀴즈에서는 섬뜩한 먹을거리 이야기를 준비했다. 찔러도 피 한 방울 안 나올 것 같은 의사도 이 요리법을 보면 아마 기겁할걸.

구역질 나는 먹을거리 퀴즈

이 세상 소문에 따르면 학교 급식이든, 뭐든 맛있게 잘 먹는 사람들이 있다. 그런데 그런 사람도 먹어 보지 못한 것이 있다는데, 그 두 가지 음식은 무엇일까?

썩은 냄새 식당

우리 식당은 역겨운 음식이 아니면 안 팝니다! (토사물 봉지는 공짜)

~ 차림표 ~

음료수

1. 400년 된 시체에서 나온 끈적끈적한 방부제

전채 요리

2. 유골 수프 (물에 간 밀가루를 붓고 끓인 걸쭉한 수프)

3. 시체 수프 (납관에 들었던 160년 된 시체를 불에 구워서 만든 영양 만점 수프)

주요리

4. 바삭바삭한 공룡 눈알
5. 65년 묵힌 쇠고기
6. 담배 토핑을 얹은 피자

8. 시멘트 한 사발
9. 자작나무 가지 샐러드

7. 쇠똥벌레구이 (겉은 바삭바삭 하고 계란 수플레 같은 맛이 난다. 달팽이 소스를 뿌린 대구젓과 함께 나온다. 주요리에 곁들여 먹는 음식)

후식

10. 스파말라마딩동 (돼지고기 통조림 위에 초콜릿과 생크림을 얹은 맛난 요리)

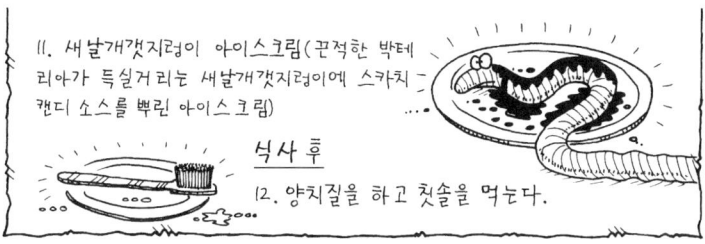

11. 새날개갯지렁이 아이스크림(끈적한 박테리아가 득실거리는 새날개갯지렁이에 스카치캔디 소스를 뿌린 아이스크림)

식사 후

12. 양치질을 하고 칫솔을 먹는다.

답(가장씩 맞춰 2점):
4. 쇠털 곡물은 뭐 사람이 아니고, 쇠털 곡물은 임진왜란 때에 여러 곡식으로 만들기 때문이다.
11. 끝 새날개갯지렁이 1970년대에 들어서야 등장했다. 나무아이스크림과 스카치캔디가 들어있는 곰 과자지만 아이스크림이 녹지지 않았다.

음식에 대한 섬뜩한 사실

선생님은 모르는 음식에 대한 섬뜩한 사실이 있다. 하지만 퀴즈는 아니니까 마음을 놓도록!

1. 1779년 영국 에식스 주의 한 교회를 찾은 두 사람이 이 귀한 방부제 음료수를 먹어 보았다. 음료수에서 올리브 맛이 나더라고 소감을 전했다.

2. 1940년대 독일에 살던 발리스하우저 가족은 뜻하지 않게 할머니의 유골을 먹었다. 미국 친척이 보낸 유골을 인스턴트 수프인 줄 알고 먹었던 것이다.

3. 영국인 존 콜렛의 납관이 세인트 폴 대성당 묘지에 묻혀 있었다. 1666년 세인트 폴 대성당이 불탔을 때 그 불길에 타다 남은 존 콜렛의 시체에서 진득한 것이 나오자 어떤 두 남자가 그 역겨운 것을 후루룩 마셔 버렸다.

5. 영국 해군의 특별 요리. 영국 해군은 1805년도에 절여 둔 쇠고기를 1870년대에 먹었다.

6. 이 요리법은 미국 네바다 주에 사는 웨스 해스킨스가 만들었다. 해스킨스는 토핑으로 올린 담배까지 그대로 먹어 버렸다. (절대로 따라 하지 말 것!)

7. 이 요리법은 곤충을 너무 잘 먹는 W. S. 브리스토우 박사가 1920년대에 만든 것이다. 브리스토우 박사는 이 쇠똥벌레 구이를 가장 좋아했던 것 같다. 한편 19세기 영국에서 곤충 요리를 즐겨 먹었던 빈센트 홀트는 달팽이 소스를 뿌린 대구 요리를 가장 좋아했다.

8. 존 W. 호턴이라는 미국 사람은 시멘트를 먹고는 도로 토하고 말았다. (절대로 따라 하지 말 것!)

9. 미국 사람 제이 괄트리는 자작나무 가지를 먹었다. 그것도 무려 89시간 동안이나! (여러분은 돌대가리가 아니니까 입 아프게 잔소리할 건 없겠지? 뭐, 아니라고?)

10. 이 고기의 이름이 '스팸'이다. 1994년 텍사스 주에서 열렸던 스패마라마 축제에서 이 별미를 선보였다. 축제에 놀러 온 밥 핀레이는 그것을 먹고 이렇게 그 맛을 밝혔다.

12. 일본 사람 가와카미 오토이치는 내기를 하느라고 칫솔 56개와 다른 여러 가지 물건을 먹었다. 칫솔을 먹는 모자란 사람은 그저 매가 약이다.

보너스 문제

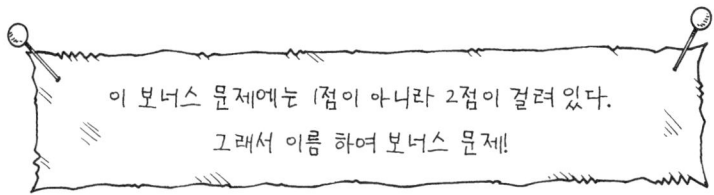
이 보너스 문제에는 1점이 아니라 2점이 걸려 있다.
그래서 이름 하여 보너스 문제!

외과 의사는 수술할 때 전열기를 쓰면 안 된다는데, 그 이유는 뭘까? (도움말: 펑!)

답(2점):
방귀에는 메탄이 들어 있다. 메탄은 가연성 기체로 가정용 액화 가스에도 들어 있다. 그런데 수술하는 도중에 환자의 배 속에서 쌓인 방귀에 전열기가 닿아 폭발한 일이 있었다. 환자의 엉덩이에서 푸른색 불꽃이 튀는 게 보였다고 한다. (아마도 화가 폭발한 병원장이 그 의사를 당장 잘랐겠지?)

위험한 의사들

아주 오랫동안 의사란 질병에 대해 아는 것이 없는, 위험한 사람이었다. 그러니 죽음의 문턱에서 병원에 가는 사람은 죽음의 급행열차를 타는 셈이었다.

나는 의사가 될 수 있을까?

1. 200년 전으로 되돌아가 보자. 여러분은 거머리로 환자의 피를 뽑으려고 한다. 그때에는 다들 몸에 피가 많아서 병이 생긴다고 생각했다. 그런데 거머리가 배가 부른지 더 이상 피를 빨려고 하지 않는다. 어떻게 해야 할까? (도움말: 아주 따끔한 교훈을 주어야 한다.)

a) 먹은 피를 토해 내게 한 다음 다시 빨게 한다.
b) 대타로 흡혈박쥐를 찾는다.
c) 거머리의 꼬리 쪽을 싹둑 잘라 피가 그대로 빠져나가게 한다.

2. 동맥을 뜻하는 영어 단어 'artery'는 'air carrier(공기 통로)'를 뜻한다. 왜 그런 이름이 붙었을까? (도움말: 뭐, 동맥이 텅 비었다고?)

a) 동맥으로 관악기를 만들었기 때문이다.
b) 누군가 동맥을 호흡 기관으로 잘못 봤기 때문이다.
c) 고대 그리스에서는 동맥에 피가 아닌 공기가 흐른다고 생각했기 때문이다.

3. 인도의 외과 의사 수슈루타(서기 450년 무렵 의사)가 최초로 백내장(수정체가 흐려지는 병) 수술을 개발했다. 수슈루타는 무엇을 가지고 실습해 보았을까? (도움말: 피클)
a) 두꺼비
b) 자신의 눈알
c) 절인 양파

답(거꾸로 3장):
1. c) 거머리는 계속 피를 빨 것이니.
2. c) 고대 그리스 의사 루푸스(1권한 소리!)는 사체를 해부해 있었으며, 용어를 뒤 마찬가지 피리라는 찾아낼 수가 없었다.
3. c) 절인 양파로 불거지지들 가지고 실습하여 수술에 성공했다.

무시무시한 질병

몸이 아픈 것은 수많은 무시무시한 병원체가 우리 몸을 괴롭히고 있기 때문이다.

이런저런 결석 신고서

학교 가기 싫어하는 아이를 둔 가련한 몇몇 엄마가 다음과 같은 결석 신고서를 썼다. 그중에서 무엇이 진짜 증상을, 무엇이 거짓 증상을 적은 신고서인지 가려낼 수 있겠는가?

1

존경하는 선생님께

우리 딸 누리가 토식증에 걸렸습니다. 토식증이란 흙을 먹고 싶어 미칠 것 같은 병입니다. 그러니 얼마 동안 요리 수업 시간에 누리를 빼 주셨으면 좋겠습니다. 누리가 흙으로 파이를 만들지도 모르니까요.

2

존경하는 선생님께

우리 아들 멀뚱이가 혈관운동성 비염에 걸렸습니다. 추운 데 있으면 콧물이 줄줄 흐르는 병입니다. 코는 집안 내력이라서 비염도 유전이 아닌가 싶습니다.

3

존경하는 선생님께

우리 아들 땡땡이가 자가 중독에 걸렸습니다. 자가 중독이란 대장에서 썩어 가는 똥이 핏속으로 흐르는 병입니다. 이 끔찍한 병에 걸리면 머리카락이 다 빠지고 입내가 납니다. 게다가 얼굴까지 일그러져 도저히 이대로 학교에 보낼 수가 없습니다. 앞으로 딱 23년 동안 병결로 처리해 주십시오.

4

존경하는 선생님께

우리 딸 아롱이가 내장발광증후군에 걸렸습니다. 병이 얼마나 심한지 간이 어둠 속에서도 빛이 날 정도입니다! 아이가 원래 좀 밝긴 했지요.

5

존경하는 선생님께
우리 아들 덜렁이가 폐병의 일종인 초미세실리카화산먼지폐렴에 걸렸습니다. 기침이 아주 심합니다. 그러니 부디 병결로 처리해 주시기 바랍니다.

6

존경하는 선생님께
우리 딸 새침이가 외국어말투증후군을 앓고 있습니다. 불쌍한 우리 딸! 말투가 별안간 프랑스 어를 하는 것처럼 이상하게 변해 버렸습니다! 그러니 얼마 동안 수업에 빠지더라도 좀 봐 주십시오. 아, 프랑스 어 수업은 괜찮겠군요!

답(6쪽):

1. 일 하루 동안 걸리는 것보다 훨씬 오랫동안 몸에 붙어 있는 누런 색깔의 끈적거리는 콧물, 이것이 바로 한 종류.
2. 일 이거 잘 답했지?
3. 가장 그러다 19세기 말 유럽 사람들 따라 배움이 자가 움직이고 있다.
4. 가장 19770년 한 의학자 발견하고 이어 내력질환증후군의 병이 진단되기 시작했다.
5. 일 중의사셈뒤셈치뒤로페렴으로 진단해서 표작성하는 조금만 들어가서도 발생 사이러스를 쓴다. 이 병이 이름은 만드는 건 사람들이 가까운 곳에서 것이니.
6. 일 외인사말는중토로용은 함치릴 달루면 프랑스에 조금간 자였다면 말아본다면 근로 듣아소리가 되듯이 입이 발달하게 되는 그 병이다.

보너스 문제

'뉴모노울트라마이크로스코픽실리코볼케이노코니오시스'라는 병 이름을 정확하고 빠르게 네 차례 반복해서 말할 수 있다면 2점을 더 받는다. 한 번에 그치지 않고 성공할 때까지 몇 차례건 말해 봐도 좋다. 단, 성공했다는 것을 확인해 줄 증인이 필요하다. (도움말: 단어를 세 부분으로 끊어서 연습한 뒤에 한 번에 쉬지 않고 말한다.)

> 답(2점): 아파, 유운이 이 병 이름을 끊어서 말하기 훌륭하게 그렇습니까? 고대 시에서 폐가 굳는 돌림병으로 운주하셔서 답니다.

잘못된 치료법 찾기

다음 중 단 한 번도 치료제로 쓴 적이 없는 물질이 한 가지 있다. 그 물질을 알아맞히면 1점을, 그 이유까지 알아맞히면 1점을 더 받는다.

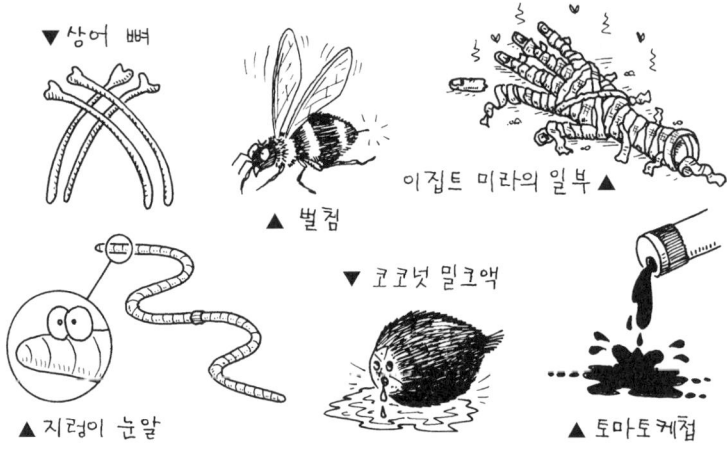

▼ 상어 뼈
▲ 벌침
이집트 미라의 일부 ▲
▲ 지렁이 눈알
▼ 코코넛 밀크액
▲ 토마토 케첩

> **답(2점):**
> **지렁이 눈알** 치료제로 쓴 적이 없는 이유는 지렁이는 눈알이 없기 때문이다. 대신에 빛에 민감한 세포가 피부 곳곳에 퍼져 있다. 그렇다면 이제 선생님이 모르는 다른 치료제에 대해 알아보자.

- 인공 피부는 1981년에 미국 과학자 이오안니스 야니스가 만들었다. 인공 피부에는 상어 뼈에서 뽑아낸 화학 물질이 쓰인다.
- 벌침은 예로부터 류머티즘을 치료하는 데 썼다.
- 중세 유럽에서는 고대 이집트 미라의 일부를 사들여 약으로 썼다. 프랑스 국왕 프랑수아 1세(1494~1547년)도 몸이 아플 때마다 미라의 살을 한 움큼씩 베어 먹었다. 사실 기운을 차리는 데는 고기만 한 것도 없잖아.
- 제2차 세계 대전 때 피지 섬에서 코코넛 밀크액을 혈장(혈액 중 액상 성분) 대신 썼는데, 약효가 그만이었다.
- 1830년대 미국에서는 토마토케첩이 만병통치약으로 팔렸다.

여러분의 점수는?

먼저 이 장을 다 마친 것을 축하한다! 이제 의학에 대해 새로운 사실을 아주 많이 알게 되었겠지? 이제 점수를 매겨 보도록! 여러분의 점수는 과연 몇 점이나 될까?

 이제 정신을 좀 차렸겠지? 그렇다면 앞으로 밀고 나갈 일만 남았다. 그런데 밀고 당기는 건 물리적 힘이고, 물리적 힘은 폭이 아주 넓은 과학 분야다. 그렇다면 다음 장은?

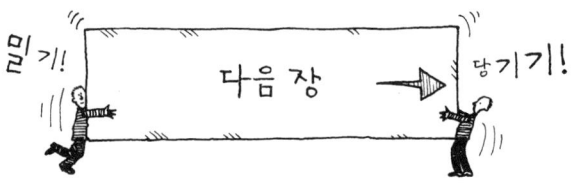

물리가 물렁물렁

이 장에는 물리에 대한 끔찍한 사실과 퀴즈가 가득하다. 물리는 원자와 힘을 다루는 과학 분야다. 원자나 힘이라고 하면 이해하기 어렵게 들리지? 그래서 여러분에게 물리를 쉽게 가르쳐 줄 물리학자를 소개한다.

물리학 X-파일

> 내가 물리학자가 된 건 힘과 에너지,
> 원자에 관심이 많았고 빛, 전기, 소리, 역학이
> 좋았기 때문이야. 그게 별로 어렵진 않단다!
> 우리 물리학자들은 여럿이 분야를 나누어
> 연구하지. 왜냐하면 연구 과제가 아주 많아서
> 일을 나누어 하기 때문이야.
> 그래서 나는 대학에서 자격이 마이크로파에
> 미치는 영향을 연구하고 있어. 마이크로파는
> 눈에 보이지 않는 전자기파인데, 전자레인지에
> 쓰이는 거야. 마이크로파를 연구하려면 얼마나
> 많은 실험을 해야 하는지 모른단다.
> 정말 인내를 시험하는 일이라니까!

 물리학자들은 한 가지 공통점이 있다. 바로 슈퍼스타 물리학자 아이작 뉴턴(1642~1727년)의 업적을 모두 연구하는 것! 아이작 뉴턴은 실험을 통해서 여러 가지 빛깔이 섞여 햇빛을 이룬다는 사실을 보여 주었다. 그리고 중력을 비롯한 모든 힘의 원리를 설명해 주었다. 어때, 상상할 수 있겠어? 뉴턴은 비행기와 로켓이 나오기도 전에 비행 원리를 과학적으로 설명해 냈다는 것을!

 그런데 천재 물리학자 아이작 뉴턴에 대해 알려지지 않은 사실이 몇 가지 있다. 물리학자의 99%가 모르는 이 사실은 무엇일까?

뉴턴처럼 생각하기

1. 이제부터 아이작 뉴턴이 되어 생각해 보자. 뉴턴이 과학 숙제를 하는데 고양이가 자꾸 들락날락한다. 뉴턴은 어떻게 이

문제를 해결했을까?

　a) 고양이를 우리에 가두었다.

　b) 고양이 출입구를 발명했다.

2. 어느 날 이웃집 아저씨가 입에 거품을 물고 있는 뉴턴을 보았다. 뉴턴은 비눗방울을 불고 있었다. 왜 비눗방울을 불었을까?

　a) 고양이와 놀아 주느라고

　b) 빛이 비눗방울에 닿아 굴절하는 모습을 연구하느라고

3. 뉴턴이 유명한 과학자가 되자 어떤 사람들은 뉴턴이 마법을 부린다고 생각했다. 그래서 어떤 여자는 뉴턴에게 마법을 부려 잃어버린 지갑을 찾아 달라고 했다. 뉴턴은 뭐라고 대답했을까?

　a)

　b) 마법의 주문 '아브라카다브라'를 외우고는 그리니치에 있는 영국 해군 병원에 가면 찾을 수 있다고 말했다.

4. 동료 과학자 로버트 훅은 뉴턴의 '빛 실험'이 잘못되었다고 말하여 뉴턴과 사이가 틀어졌다. 뉴턴은 어떻게 했을까?

　a) 빛에 대한 연구서 출판을 훅이 죽을 때까지 미루었다.

b) 연구서를 바로 출판하고 훅에게 좋은 의견을 말해 달라고 했다.

5. 뉴턴은 중력 이론으로 물체가 받는 힘을 미리 알 수 있었으며, 그 오차는 0.00003%밖에 되지 않을 거라고 자신했다. 뉴턴은 이를 다른 과학자들에게 어떻게 이해시켰을까?
  a) 예측의 정확성을 증명하기 위해 여러 해 동안 애썼다.
  b) 출판업자에게 연구 결과에 나오는 숫자를 꾸며 쓰라고 일렀다.

6. 뉴턴은 영국 조폐국장이 되었다. 뉴턴이 국장으로서 해야 할 일 중 하나는 동전을 위조하는 사람들을 잡아들이는 것이었다. 뉴턴은 정보원들을 돈으로 사고 어두컴컴한 술집에 앉아 소문을 엿들으며 기회를 노렸다. 마침내 동전 위조의 대부 윌리엄 챌로너를 함정에 빠뜨려서 붙잡았다. 챌로너는 사형이 떨어지자 뉴턴에게 자비를 베풀어 달라고 매달렸다. 뉴턴은 어떻게 했을까?
  a) 더욱 끔찍한 방식으로 사형시켰다.

  b) 챌로너를 살려 달라고 왕에게 청을 넣었다.

답(모두 6점):
1. b) 실제로 고양이 출입구를 발명한 사람은 뉴턴이다! 뉴턴이 어릴 적 농가에 살았을 때 문에 구멍을 뚫어 준 것이다. 그리고 고양이가 새끼를 낳자 새끼들 드나들라고 구멍을 또 하나 작게 뚫어 고양이 출입구를 만들었다.
2. b) 빛은 비눗방울 막에 꺾이고 빛을 이루는 여러 빛깔이 흩어지면서 무지개가 나타난다.
3. b) 뉴턴은 단지 그 여자를 떼어 버리려고 한 말이었다. 하지만 여자는 정말 그곳에서 지갑을 찾았다고 한다!
4. a)
5. b) 충격이지만 진실이다!
6. a) 뉴턴은 윌리엄 챌로너의 목을 매달아 반송장이 되게 했다. 그러고는 챌로너를 끌어 내려서 창자를 도려내고 몸을 토막 낸 뒤 목을 베었다. 이렇게까지 했는데 살아남을 사람은 없겠지?

보너스 문제

뉴턴이 기르는 애완견 다이아몬드가 촛불을 넘어뜨리는 바람에 오랜 연구물이 잿더미가 되어 버렸다. 그러자 뉴턴은 뭐라고 말했을까?

> **답(2점):**
> c) 선생님은 여러분에게 여러 가지 과학적 사실을 외우라고 노래 부르겠지? 하긴, 선생님이란 늘 억지로 외우게 시키는 사람이니까. 하지만 선생님도 힘에 대한 다음 사실은 전혀 모르고 있을걸.

무시무시한 힘 퀴즈

힘은 물체의 움직임에 영향을 준다. 그렇다면 힘에 대한 다음 사실 중에서 참과 거짓을 가려 보자.

1. 기차 굴을 길게 뚫고 공기가 빠져나갈 수 있도록 연결 통로를 짓는다.
2. 일본 간사이 국제공항은 가라앉도록 설계했다.
3. 물로 쇠, 돌, 가죽, 종이를 자른다.
4. 중력 때문에 사람은 키가 더 커진다.

5. 폭풍이 불면, 석유를 잔뜩 실은 초대형 유조선은 가운데가 최고 90cm까지 휜다.
6. 무게는 물체에 가해지는 중력을 재는 한 가지 기준이다. 그런데 공기는 바다보다 무겁다.
7. 바람의 힘은 지구의 자전을 늦출 만큼 세다.
8. 날씨가 좋으면 몸이 날씬해진다.

9. 과학자들은 캥거루처럼 뛰어오르는 것이 달리는 것보다 힘이 더 적게 든다는 것을 알았다.

10. 서쪽으로 달리면 동쪽으로 달리는 것보다 몸무게가 가벼워진다.

11. 1840년대 남아메리카 우루과이를 떠난 배가 치즈 덩이를 쏘아 다른 배를 물리쳤다.

답(모두 11점):
1. **참** 기차는 긴 굴속에서는 공기를 밀어내며 앞으로 달려가기 때문이다. 그래서 속력이 떨어진다. 연결 통로를 지으면, 공기가 빠져나갈 수 있어서 기차가 느려지지 않는다.
2. **참** 인공 섬에 세운 이 공항은 건물의 무게에 눌려 조금씩 가라앉도록 설계했다. 30년 동안 11~13m까지 가라앉는다고 한다.
3. **참** 산업 분야에서는 가는 모래에 섞은 물을 고압으로 분사해서 단단한 물질을 자른다.
4. **거짓** 중력 때문에 키가 오히려 더 작아진다! 밤에는 누워 자기 때문에 중력을 덜 받고 척추가 편하게 늘어나 키가 0.8cm쯤 커진다. 음, 그러니까 아침에 일어날 때는 키가 훌쩍 컸다가 낮에는 줄어든다는 말씀!
5. **참** 그보다 더 심하게 휘면 유조선이 와지끈 갈라진다.
6. **거짓** 공기의 무게는 5경 톤에 달하지만, 바다의 무게에 비하면 3분의 1에 지나지 않는다.
7. **참** 하지만 우리가 느낄 수 있을 정도는 아니다. 만일 그렇지 않

다면 큰일이지. 바람이 계속 세차게 분다면 지구는 제자리에 서고 말 테니까.

8. 참 맑은 날씨에는 기압이 높아서 몸에 압력이 가해지기 때문에 날씬한 느낌이 든다. 구름이 낀 우중충한 날씨에는 그와 정반대로 몸이 퉁퉁 붓는 듯한 느낌이 든다.

9. 참 1970년대 두 과학자가 캥거루가 숨 쉬는 데 필요한 산소량을 쟀더니 달리는 사람보다 뛰어오르는 캥거루가 산소를 더 적게 들이마신다는 것을 알았다.

10. 거짓 서쪽이 아니라 동쪽으로 달릴 때 몸이 가벼워진다! 동쪽으로 달리면 지구의 자전 방향과 같기 때문에 몸이 조금 가벼워진다. 하지만 이 힘도 그다지 크지 않아 사람이 느낄 수 있는 정도는 아니다.

11. 참 물체는 빨리 움직일수록 때리는 힘이 커진다. 단단한 에담 치즈가 대포알처럼 빠르게 날아갔기 때문에 상대편은 몇몇 뱃사람이 죽고 돛이 찢어지는 피해를 입고 물러날 수밖에 없었다. 역시 단단한 치즈 몇 조각만 있으면 못할 게 없다.

보너스 문제

배의 창문은 왜 둥근 모양일까? (도움말: 찢어지게 가난해서?)

답(č진): 배는 큰 파도를 만날 때 응력(힘이)을 많이 받는다. 시가 상자처럼 네모진 창문이 있으면 힘을 받는 지표면이 넓어 쉽게 찢어진다. 하지만 동근 창문은 대체로 힘을 골고루 받는다.

끔찍한 사고 퀴즈

다음에 일어날 일을 미리 말해 보자.

이 퀴즈는 답을 정확하게 맞히기가 무척 어렵다. 그래서 비슷한 답이 나오면 1점, 정확한 답이 나오면 2점을 주기로 한다.

1. 1916년 12월 알프스 산맥에 눈이 많이 쌓였다. 한 오스트리아 병사가 다른 병사들에게 큰 소리로 외쳤다. 그다음에 무슨 일이 일어났을까? (도움말: 자연에 파묻히다.)

2. 1905년 뉴욕에서 한 일꾼이 가압실에 들어가 강 밑으로 굴을 뚫고 있었다. 그런데 별안간 굴이 무너졌다. 일꾼은 어떻게 되었을까? (도움말: 샴페인 코르크를 생각해 보면 된다.)

3. 1911년 스턴트맨 보비 리치는 나무통에 들어가 나이아가라 폭포에서 떨어졌다. 구경꾼들이 몰려들었다. 리치는 어떻게 되었을까? (도움말: 구경꾼들의 기대는 산산이 부서졌다.)

4. 영국 스코틀랜드 과학자 피터 거스리 테이트(1831~1901년)는 골프에 미쳐서 어둠 속에서도 빛이 나는 골프공을 발명했

다. 그런데 함께 골프를 치던 사람은 어떻게 되었을까? (도움말: 이것은 연기와 떼려야 뗄 수가 없다.)

답(모두 8점):
1. 음파 때문에 눈사태가 일어나 수천 병사들이 눈에 파묻혔다.
2. 가압실에는 공기가 잔뜩 들어 있기 때문에 물이 그 안으로 들어오지 못했다. 그런데 굴이 무너지면서 일꾼은 공기의 힘 때문에 튕겨 나가 강물에 둥둥 떠내려갔다.
3. 세차게 쏟아져 내리는 물줄기 때문에 뼈가 모조리 부러지다시피 했다. 리치는 건강을 되찾았지만, 겨우 몇 달 만에 바나나 껍질을 밟고 미끄러져 목숨을 잃었다.

4. 빛이 나라고 골프공에 인을 넣었다. 인은 불이 잘 붙는 물질이다. 그래서 함께 골프를 치던 사람의 장갑에 불이 붙고 말았다.

스포츠 퀴즈

밑줄 친 곳에 들어갈 알맞은 낱말을 보기에서 찾아보자. 아무래도 문제가 너무 쉬워서 심심하지? 그래서 한 문제에 들어갈 보기는 적지 않았다. 그 낱말은 여러분이 직접 생각해 보기 바란다.

보기:
a) 타이츠

b) 급경사면
c) 탄성이 높은 강철
d) 양의 창자

1. 역도 선수가 드는 역기에는 _____을(를) 쓴다.
2. 1920년대 미국 자동차 경기장에서는 자동차 속도를 빠르게 하기 위해 트랙에 _____을(를) 깔았다.
3. 사이클 선수는 _____을(를) 입거나 다리털을 민다. 그러면 속력을 최고 10%까지 높일 수 있다.
4. 테니스 라켓 줄은 지금도 _____(으)로 만든다.
5. 세계 소똥 던지기 대회 규칙에 따라 항력을 줄이려면 소똥을 뭉쳐서는 안 된다. 항력이란 움직이는 물체에 대한 _____의 저항력이다.

답(모두 5점):

1. c) 역도 선수는 먼저 쇠막대를 가슴 높이까지 들어 올린다. 그러면 쇠막대는 탄성이 높은 강철이라 쇠막대 끝에 올린 추가 용수철처럼 흔들리기 때문에 역기를 좀 더 쉽게 들 수가 있다.

2. b) 경주용 자동차는 빨리 달려야 했다. 시속 177km 밑으로 속도가 떨어지면, 중력 때문에 급경사면에서 떨어지기 때문이다.

3. a) 사이클 선수는 항력을 줄이기 위해서 몸을 최대한 유선형으로 만들었다.
4. d) 라켓 하나를 만들려면 양을 7마리나 잡아야 했다.

5. 공기 과연 여러분이라면 몇 시간 동안 소똥을 만지작거리고 싶겠는가? 어쨌건 소똥 던지기 대회 규칙에 따르면, 소똥에 다른 걸 섞으면 안 된다. 어때, 맑은 공기가 그립지? 이제부터 공기에 대한 이야기가 기다리고 있으니 기대해도 좋다!

직접 해 보는 실험: 공기의 힘

준비물:

빨대 1개

좋아하는 음료수 1병

지점토

실험 방법:
1. 음료수 병을 따고 병에 빨대를 꽂는다.
2. 빨대가 움직이지 않게 빨대 둘레에 지점토를 붙여 주둥이를 꼭 막는다.
3. 입을 빨대에서 떼지 않은 채 음료수를 마신다.

자, 뭐 느낀 거 없남?
a) 빨대를 빨지 않았는데도 음료수가 빨

대를 타고 올라온다.
b) 시간이 가면서 빨대 빨기가 더욱 힘들어진다.
c) 걷잡을 수 없이 음료수가 흘러넘치기 시작한다.

> 답(b):
> b) 사람 빨대들은 빨대질하기 쉽게 되어 있어 빨대를 빨면 음료수가 쉽게 올라온다. 그러나 빨대를 입에 물고 펌프질하기 어렵다. 수가 누구도 입에 대고 빨대를 펌프질할 수 없다. 펌프질하는 데 필요한 압력이 아주 높아 빨대에서 음료수를 끌어올릴 수 없다. 그리고 있어도 수가 빨대를 올라오지 않는다.
> (위아래 뒤집힌 텍스트)

아주 작은 원자 퀴즈

> 다음은 이상 / 이하 퀴즈다. 어떤 것이 더 크거나 더 많고 더 넓다면 이상으로, 그렇지 않다면 이하로 답해 보자.

여러분에게 몇 가지 알려 줄 사실이 있다.

우주에 있는 모든 것은 원자로 되어 있다. 원자는 작은 알갱이로 이루어진 핵과 핵을 둘러싼 전자로 구성된다. 원자는 크기가 매우 작아서 가장 큰 원자도 지름이 0.0000005mm에 지나지 않는다.

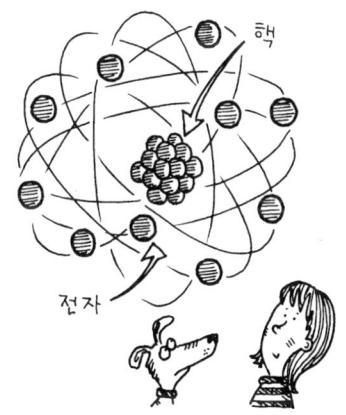

1. 만약 원자가 국제 축구장 크기라면, 핵은 테니스공보다 크기가 어떨까?

이상 / 이하

2. 만약 원자가 국제 축구장 크기라면 전자는 모기보다 크기가 어떨까?

이상 / 이하

3. 만약 여러분이 원자 크기라면, 조약돌은 지구보다 크기가 어떨까?

이상 / 이하

4. 머리카락은 1초에 원자 하나보다 어떻게 자랄까?

이상 / 이하

5. 공기 방울의 막 두께는 원자 세 개의 너비보다 어떨까?

이상 / 이하

답(묶음 5장):

1. 이하. 핵은 구슬만 할 것이다. 그러니 원자 안에는 엄청난 빈 공간이 있는 셈이다.
2. 이상. 전자는 축구장 주위를 윙윙거리며 날아다니는 파리만 할 것이다.
3. 이상. 조약돌은 지구보다 더 커질 것이다.
4. 이상. 머리카락은 1초에 원자 수십 개만큼 자란다.
5. 이상. 공기 방울 막 두께는 0.001mm이다. 그것은 원자 2,000여 개에 나란히 들어맞는다.

전기와 전등의 원리

이번에는 전기와 전등에 관한 이야기다. 전류는 전자의 흐름이다. 전자는 빛도 내는데 열을 받으면 빛 에너지를 내기 때문이다.

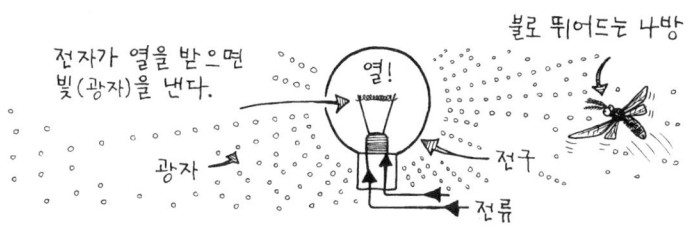

이걸로 과학 수업은 끝!

찌릿찌릿한 전기 단어 찾기

괄호 안 대문자로 쓴 영어 단어를 43쪽에 나오는 알파벳에서 찾아보자!

1. 1999년 영국에서 승객 2,000명을 태운 객차 14량이 요구르트 포일 뚜껑(POT LID) 때문에 멈추어 섰다. 전기 철도 틈에 요구르트 뚜껑이 들어가 전류가 땅속으로 흐른 것이다. 전력이 끊기자 기차도 설 수밖에 없었다.

2. 파울 트랩(PAUL TRAP)은 전기력과 자기력으로 원자를 가두는 장치를 뜻한다. 파울 트랩은 1989년에 독일 과학자 볼프강 파울이 발명했다.

3. 물리학자 윌리엄 왓슨은 1750년에 한 가지 실험을 했다. 사람들을 줄지어 세워 서로 손을 잡게 했다. 그리고 한 쪽 끝에는 대포(CANNON)를, 다른 쪽 끝에는 전기 발생 장치를 연결했다. 그런 다음에 전류를 흘려보냈더니 모두 찌릿찌릿 전기

충격을 받았다.

4. 모래바람이 불 때 모래(SAND)가 서로 부딪히면서 전기력이 생긴다. 독일의 한 탐험가는 모래바람이 휘몰아치는 가운데 자동차를 들어 올리는 기중기인 자동차 잭(CAR JACK)을 머리에 올려놓고 서 있었다. 자동차 잭이 피뢰침처럼 전기력을 끌어당겨 전기가 땅에 흘렀다.

5. 전기 발명 초기에 영국 스코틀랜드 네스 호 괴물(MONSTER)을 잡기 위한 장치가 나올 뻔했다. 호수에 전류를 흘려서 불쌍한 괴물을 감전시켜 죽이기 위한 장치였다. 이 잔인한 장치가 계획에 그친 것이 얼마나 다행인지 모른다. 덕분에 네스 호 괴물은 목숨을 구했다.

6. 번개는 구름이 만들어 낸 큰 전기 불꽃이다. 번갯불은 비료를 만들어 줄 수 있다. 번개의 열(HEAT) 때문에 질산(NITRIC ACID)이 생긴다. 화학 반응이 계속 일어나면 질산은 식물이 자라는 데 필요한 질산염으로 변하게 된다.

단어 찾기

단어를 오른쪽에서 왼쪽, 왼쪽에서 오른쪽, 위에서 아래, 아래에서 위로 자유롭게 찾아볼 수 있다. (한 단어에 1점씩 모두 12점)

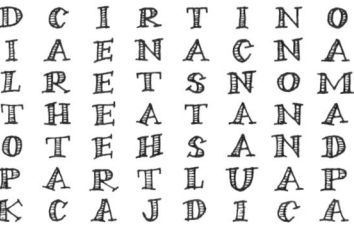

보너스 문제

번개는 같은 장소에 두 번 다시 치지 않는다고 한다. 참일까, 거짓일까?

답(2점):

거짓 1899년 캐나다 토론토에서 한 남자가 뒷마당에서 번개를 맞고 목숨을 잃었다. 그리고 1929년 아들이 같은 곳에서 번개를 맞고 죽었다. 그렇다면 1949년 손자는 어떻게 되었을까?

에그, 피뢰침이 있었다면 그만이었을 텐데. 피뢰침을 발명한

벤저민 프랭클린(1706~1790년)은 전하(물체가 띠고 있는 정전기의 양) 이론과 수많은 이론을 세운 전기학의 슈퍼스타였다. 여러분에게 이 멋진 과학자 벤저민 프랭클린을 소개한다.

벤저민 프랭클린의 뒤죽박죽 그림 퀴즈

다음에는 답이 뒤죽박죽으로 나온다. 문제를 읽고 그에 맞는 그림을 찾아 짝지어 보자. 먼저 다음 예를 보고 풀이를 익히자.

문제
프랭클린은 겨울에 이것을 입지 않고 열린 창문가에 앉으면 건강에 좋다고 생각했다.

 그림

답:
옷(절대로 따라 하지 말 것. 옷을 입지 않으면 아주 불편하다. 그리고 경찰에 잡혀갈지도 모른다!)

퀴즈가 너무 쉬우면 싱거우니까 그림을 뒤죽박죽으로 섞어 두었다!

문제

1. 프랭클린이 런던에 살 때 수영을 즐긴 곳은?

2. 프랭클린이 발명한 것 중 가장 인기 있는 것은?

3. 프랭클린이 요리 경연 대회에서 풍긴 구수한 냄새는?

4. 1755년 프랭클린이 말을 타고 쫓아다녔던 것은?

5. 미국 독립 전쟁을 이끌었던 프랭클린이 국기에 들어갈 미국의 상징으로 내놓은 것은?

그림

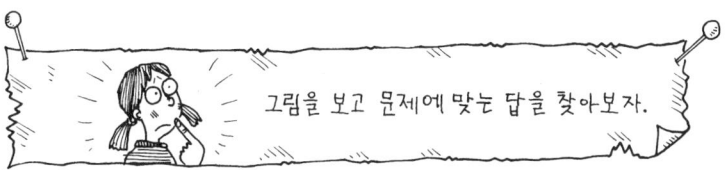

그림을 보고 문제에 맞는 답을 찾아보자.

답(모두 5점) :

1. b) 강 템스 강에는 죽은 고양이와 쥐, 똥이 둥둥 떠다녔다. 그러니 템스 강에서 수영하는 건 오물 덩어리를 마시겠다는 뜻이었다. 그리고 프랭클린은 욕조에 들어가 편지 쓰기를 좋아했다(수영 뒤에 꼬질꼬질한 몸을 깨끗이 씻어야 했을 테니까).

2. c) 흔들의자 그래서 프랭클린은 흔들리지 않는 물리학자가 되었을까?

3. e) 방귀 구수한 방귀 냄새가 풍겼지만, 아무도 구수한 음식을 만들지 못했다. 그래서 대회는 우승자 없이 막을 내렸다.

4. a) **토네이도** 프랭클린은 채찍으로 토네이도(미국 중남부 지역에서 일어나는 세찬 회오리바람)를 때렸다. 하지만 늘 그렇듯 토네이도는 빙빙 돌면서 회오리쳤다.

5. d) **칠면조** 미국 국기에 칠면조를 그렸다면, 미국이 지금처럼 강력한 나라가 되었을까?

보너스 문제

벤저민 프랭클린은 누구를 가리켜 이렇게 말했을까?

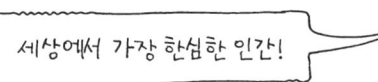 

a) 역장 모자를 쓰고 장난감 기차놀이를 하는 선생님

b) 비 오는 날에 읽지도 못하는 책을 들고 있는 까막눈 아저씨

c) 월요일 아침 학교에 가는 학생

답(2점):
b) 프랭클린은 책 읽기를 무척이나 좋아했다.

보너스 문제

남극에 사는 사람들은 왜 여드름이 잘 생기지 않을까? (도움말: 남극에도 햇살은 비친다.)

a) 고에너지 자외선이 여드름을 일으키는 세균을 죽이기 때문이다.

b) 새하얀 눈이 피부를 보호해 주기 때문이다.

c) 따뜻한 물이 귀해 꼬질꼬질하게 다니다 보니 먼지가 쌓여서 여드름이 저절로 낫기 때문이다.

> 답(2점):
> a) 자외선은 곧은 빛으로 피부에 해롭다. 그런데 자외선은 여드름을 일으키는 세균을 죽인다. 게다가 눈에 덮인 남극에서는 눈에서 반사되는 자외선이 많아서 여드름균을 모조리 죽인다. 시리도록 눈이 부신 남극, 여드름이 생길 리가 없지.

여러분의 점수는?

이 장을 마쳤으니 점수가 궁금하겠지? 지금 기분은 어때? 물리학의 천재가 된 느낌? 아니면 물리학의 둔재가 된 느낌?

여러분이 받은 총점을 풀이하면 다음과 같다.

빛 이야기가 나왔으니 말이지만, 우리가 우주에 대해 알게 된 건 순전히 빛 덕분이다. 우주에 떠도는 물체가 되쏘는 빛을 망원경으로 볼 수 있기 때문이다. 그렇다면 다음 장으로 로켓 여행을 떠나 볼까? 정말 멋지겠지!

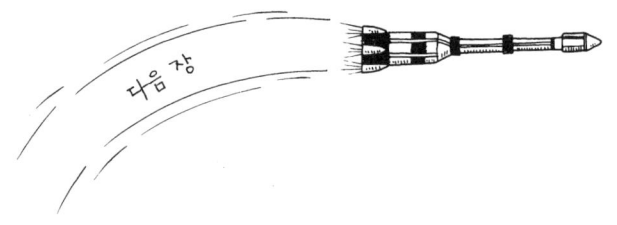

우주가 우왕좌왕

여러분도 잘 알다시피 천문학은 행성, 항성, 위성, 소행성, 은하, 블랙홀 따위 우주에 있는 모든 것을 다루는 과학 분야다. 그러니까 천문학이란 어마어마하게 넓은 학문이란 말씀이다. 그리고 이 장에는 선생님이 1조억 광년 뒤에도 결코 알 수 없는 사실이 나온다. 여러분에게 이 모든 사실을 가르쳐 줄 천문학자를 소개한다.

천문학 X-파일

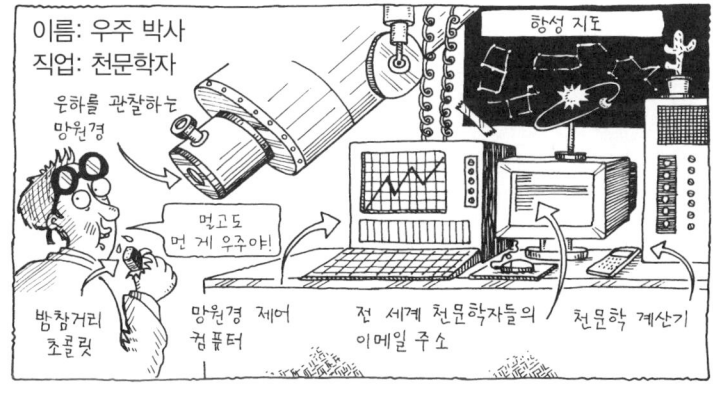

여기가 바로 내가 일하는 천문대야.
하지만 천문학자가 별만 바라보고 있다고 생각한다면
그건 큰 착각이지. 천문대를 통제하는 컴퓨터가
사람 대신에 별을 보고 있거든. 덕분에 우리는 밤에
편히 잘 수 있어! 그리고 난 전 세계 천문대를
찾아가 그곳의 천문학자와 천문학 이야기를
나누는 것도 아주 좋아하지.
천문학이란 정말 천상의 일이야!

천문학자 퀴즈

옛날에는 괴상한 천문학자가 아주 많았다. 다음 질문을 읽고 맞는 답을 골라 보자.

질문

보기

1. 1871년 프로이센 군대가 파리를 포위했을 때 프랑스 천문학자 피에르 장센(1828~1907년)도 파리에 갇히고 말았다. 장센은 과연 어떻게 했을까?

a) 누군가 뼈를 훔쳐 갔다.

2. 제임스 챌리스(1803~1882년) 교수는 왜 해왕성을 발견하지 못했을까?

b) 첩자로 알려져 체포되었다.

3. 독일에서 태어난 과학자 한스 베테는 뭘 하다가 태양의 원리를 알아냈을까?

c) 죽어서 그곳에 묻혔다.

4. 사업가 제임스 릭은 어쩌

다가 자기 이름이 붙은 천문대에 잠들게 되었을까?

5. 과학계의 슈퍼스타 갈릴레오 갈릴레이(1564~1642년)가 죽고 난 200년 뒤에 무슨 일이 생겼을까?

6. 독일 과학자 에르빈 프로인틀리히는 왜 일식을 못 보고 놓쳤을까?

d) 기구를 타고 달아났다.

e) 차를 마셨다.

f) 편지 봉투 뒷면에 수식을 적었다.

답(모두 6점):

1. d) 피에르 장센은 일식(달이 태양과 지구 사이에 들어가 태양을 가리는 현상)을 보고 싶었다. 일식은 북아프리카에서만 볼 수 있었는데, 파리에 갇히고 말았다. 장센은 결국 목숨을 걸고 파리를 벗어나 북아프리카로 갔지만 구름이 잔뜩 끼어서 아무것도 보지 못했다.

2. e) 영국 교수 제임스 챌리스는 다른 천문학자와 차를 마시며 수다를 떠느라고 해왕성을 보지 못했다. 독일 과학자 요한 엥케도 파티에 가는 바람에 때를 놓치고 말았다. 그래서 엥케의 조수였던
요한 갈레와 하인리히 다레스트가 엉겁결에 영광의 주인공이 되었다.

3. f) 기차를 타고 가던 한스 베테는 태양이 수소 원자핵 융합으로 헬륨을 만들면서 빛과 열을 낸다는 걸 깨달았다.

4. c) 제임스 릭(1796~1876년)은 캘리포니아 주에 있는 천문대에 묻혔다. 아무래도 전망 좋은 곳에 묻히는 것이 소원이었던 모양이다.

5. a) 갈릴레이는 망원경으로 행성을 연구한 최초의 과학자였다. 그런데 1737년 한 이탈리아 사제가 갈릴레이의 무덤을 파헤쳐 그 뼈를 기념품으로 간직했다.

6. b) 독일 천문학자 에르빈 프로인틀리히는 일식을 보러 러시아로 갔다. 그리고 멀리 떨어진 별빛은 태양의 인력 때문에 휠 수 있다는 알베르트 아인슈타인의 주장이 옳았음을 깨달았다. 하지만 때마침 제1차 세계 대전이 일어나는 바람에 수용소에 갇히고 말았다!

보너스 문제

독일 천문학자 요하네스 케플러(1571~1631년)의 엄마는 왜 마녀로 몰려 잡혀갔을까?

a) 진짜 마녀였기 때문이다.

b) 케플러가 공상 과학 소설에서 엄마를 마녀로 그렸기 때문이다.

c) 사람들이 케플러의 망원경을 마법의 망원경이라고 생각했기 때문이다.

답(2점):
b) 1610년 케플러는 세계 최초로 공상 과학 소설을 썼고 그 소설에서 엄마를 마녀로 그렸다. 가엾은 케플러의 엄마는 진짜 마녀로 알려져 잡혀갔고 하마터면 고문까지 당할 뻔했다. 하지만 케플러 덕분에 풀려날 수 있었다.

여러분은 앞에서 알베르트 아인슈타인이란 이름이 나왔다는 걸 잘 알고 있겠지? 아인슈타인이 무슨 연구를 했는지 잘 모르더라도 걱정할 건 없다. 아인슈타인을 공부하고도 모르는 사람이 숱하게 많으니까 말이다! 아인슈타인의 연구는 우리의 우주관에 큰 영향을 미쳐서 오늘날 우주관의 바탕이 되었다. 알베르트 아인슈타인(1879~1955년)은 일반 상대성 이론을 세워 우주 공간이 휘어 있으며 시간은 공간의 한 차원임을 보여 준 과학자다. 어때, 이제 잘 알겠지?

어쨌든 이번에는 좀 더 쉬운 퀴즈를 풀어 보자.

아인슈타인 그림 퀴즈

이 퀴즈에서는 질문에 맞는 그림을 고르면 된다. 어때, 식은 죽 먹기지? 아님 말고!

1. 아인슈타인은 무엇 때문에 처음으로 입을 열었을까?
2. 아인슈타인은 왜 군대에 갈 수 없었을까?
3. 아인슈타인은 무엇을 가리켜 이렇게 말했을까?

4. 아인슈타인은 무엇을 가리켜 이렇게 불렀을까?

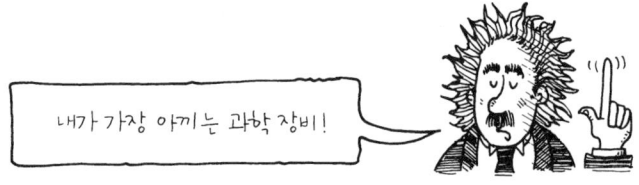

5. 아인슈타인이 가장 좋아한 취미는 무엇이었을까?

6. 아인슈타인이 상대성 이론에서 저지른 작은 실수는 무엇이었을까?

보기

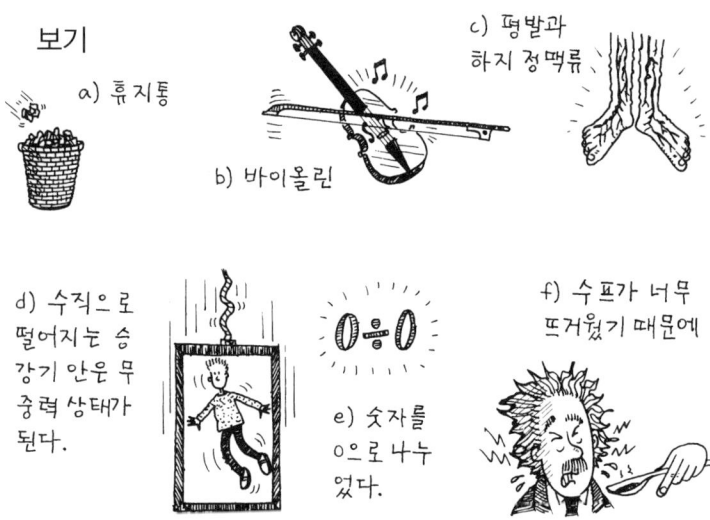

> **답(모두 6점):**
> 1. **f)** 아인슈타인은 네 살 때 처음으로 말문을 열었다. 그동안 왜 말을 하지 않았느냐는 질문을 받고는 이렇게 대답했다. "지금까진 불만이 없었거든요."
> 2. **c)** 어차피 아인슈타인은 전쟁을 반대했고 군대에 갈 생각도 없었을 테니 오히려 잘된 일이었다.
> 3. **d)** 그래서 아인슈타인은 상대성 이론을 찾아냈다. 하지만 어떻게 찾았는지 묻거나 따지지 말 것.
> 4. **a)** 휴지통은 매우 소중한 과학 장비였다. 왜냐하면 아인슈타인은 다 쓴 종이를 휴지통에 버리면서 많은 것을 배웠기 때문이다. 여러분도 휴지통에 숙제를 던져 버리고 선생님에게 아인슈타인 핑계를 대 보면 어떨까?
> 5. **b)** 아인슈타인은 바이올린을 즐겨 켰다. 아무래도 음악에 '상대적' 재주가 있었던 것 같다, 하하.
> 6. **e)** 어떤 숫자도 0으로 나눌 수 없다는 것쯤은 모든 수학 선생님이 아는 사실이다. 이 사실은 러시아 수학자 알렉산더 프리드만(1885~1925년)이 알아냈다.

이제 일반 상대성 이론을 배웠으니 우주를 탐험하며 상대성 이론을 알아보고 싶겠지? 그렇다면 우주인이 되어 보는 건 어떨까?

우주여행 퀴즈

이 퀴즈에서는 우주여행 안내서를 읽고 빠진 낱말을 찾아서 넣어야 한다. 물론, 재미를 좀 주기 위해서 쓸데없는 낱말을 두 개쯤 섞어 두었다.

아래에 빠진 낱말이 있다.

a) 눈알 b) 콩 c) 골프장 d) 세균(박테리아) e) 토끼 장난감 f) 토사물 g) 교구 목사 h) 페인트 i) 제트기 j) 쓰레기 k) 카메라 l) 여권

그리고 아래에 우주여행 안내서가 있다.

섬뜩한 우주여행 안내서

들어가는 말

그래, 우주인이 되고 싶다고? 정말 멋지다! 우주인은 이 세상에서 둘도 없는 사람이지! 하지만 좀 위험하긴 해. 그러니까 혹시 목숨이 왔다 갔다 하더라도 엄살떨면 안돼!

제1장 훈련

눈이 튀어나오게 비싼 로켓 가까이 가려면 아주 오랫동안 훈련을 받아야 해. 우주에서는 중력이 없으니까 그 느낌에 익숙해지는 게 첫 번째지. 그래서 우린 우주인이 되겠다는 사람을 1)_____(으)로 데려가서 급강하 비행 훈련을 시켜. 무중력 상태가 단 몇 초만 돼도 당장 고꾸라져서 죽을 것 같은 기분이 들지. 걱정 마, 하루에 마흔 번쯤은 이 훈련을 받을 테니까. 그게 끝나면 정글 생존 훈련이 기다리고 있지. 어느 곳에 떨어질지 모르니까 단단히 준비해야 해!

별별!

제2장 이륙 준비 완료!

초읽기가 끝나기 전에 로켓을 쏘려고 하면 안 돼. 애고, 하마터면 쏠 뻔했네! 참, 2)_____도 잊지 말고 챙겨야 해. 아까도 말했지만, 어느 곳에 내릴지 모르니까 단단히 준비해야지!

제3장 우주 생활

우주에 가면 속이 불편할지도 몰라. 그건 몸이 우주의 무중력 상태에 적응하지 못하기 때문이야. 하지만 부디 크게 아프지 않기를 빌어. 3)_____이(가) 무중력 상태에서 둥둥 떠다니면 곤란하니까 말이야. 물을 마음대로 뿌릴 수도 없으니 청소하기도 아주 어렵거든. 또 우주에서는 빨래를 해서도 안 돼. 지구에 돌아온 뒤 엄마한테 빨아 달라고 해. 아무리 그래도 빨래와 목욕을 하지 않으려고 우주인이 되는 건 받아 줄 수 없으니 알아서 해!

제4장 우주 유영

우주에서 살다 보면, 인공위성을 고칠 일이 생길지도 몰라. 그럴 때는 밖에 나가기 전에 반드시 우주복을 입어야 해. 우주복을 입지 않으면, 내장과 4)_____이(가) 터질지도 모르니까. 그건 우주에 공기가 없기 때문에 그래! 그건 그렇고 밖으로 나가서 우주선을 잠그는 일은 없도록 해. 소방대가 가기에는 우주는 너무 넓으니까 말이야! 또 인공위성이 궤도를 벗어나지 않도록 해야 해. 1996년처럼 인공위성이 궤도를 벗어나서 4,400만 달러나 되는 첨단 장비를 잃어버리면 곤란하니까 말

57

이야. 궤도를 벗어나 사라진 인공위성은 나중에 엉뚱한 곳에 떨어져 있기도 하지. 1979년에는 인공위성이 영국 이스트본에 있는 한 5)_____에 떨어지기도 했다니까.

제5장 우주 쓰레기

우주에서 일할 때는 빠르게 날아다니는 우주 쓰레기를 조심해야 해. 구슬만 한 우주 쓰레기가 몸을 뚫을 수도 있으니까! 실제로 우주 왕복선 챌린저호는 6)_____ 부스러기에 맞아 앞창에 흠집이 나기도 했어. 그리고 1965년에 미국 우주인 마이클 콜린스가 떨어뜨린 7)_____과(와) 러시아 우주인 알렉세이 레오노프가 떨어뜨린 장갑이 우주를 떠다닐지 모르니 특별히 조심해.

제6장 실험

우주에서 산다면 하루하루 하품만 날지도 몰라. 그렇다면 동물을 키우는 건 어떨까? 선배 우주인들은 이미 벌 떼를 우주에 데려갔어. 벌들은 무중력 상태에 잘 적응해서 벌집까지 지었지. 우주인들도 덩달아 신바람이 났어. 그래서 나중에는 귀뚜라미와 8)_____까지 섞었다니까.

제7장 달나라 여행

1967년에 로봇 우주선이 달에 카메라를 두고 왔어. 나중에 다시 가서 카메라를 가져왔지. 과학자들이 살펴보니, 카메라에 살아 있는 9)_____의 콧물이 말라붙어 있었지, 뭐야. 사람들은 1970년대부터 달나라를 여행하면서 50톤이나 되는 쓰레기를 버리고 왔어. 그러니 이제부터라도 달에 10)_____을(를) 버리지 않도록 주의해.

답(모두 10점):

1. i) 우주는 무중력 상태이고, 따라서 우주인은 몸무게를 느끼지 못하고 둥둥 떠다닌다. 몸무게란 중력이 우리 몸을 잡아당기는 힘을 수치로 나타낸 것이다.
2. l) 우주인은 여권을 가지고 다닌다. 우주선이 다른 행성에 갈 수도 있지만, 다른 나라에 떨어질 수도 있기 때문이다.

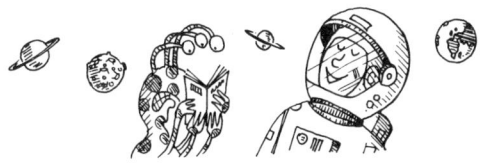

3. f) 우주에서 사는 게 지겨운 투덜이는 언제라도 '투덜이 로켓'을 타면 된다. 하하!
4. a) 몸 밖 공기는 몸속으로, 몸속 공기는 몸 밖으로 똑같은 압력을 가한다. 그러나 우주에는 공기가 없어 몸 밖 압력이 들어오지 않기 때문에 몸속 공기는 폭발하고 만다. 그러면 참 볼만하겠지?
5. c) 인공위성은 골프장에 떨어졌다. 한 번에 그대로 내렸으니, 그게 '홀인원'이지, 뭐야.
6. h)
7. k) 그래도 비행기를 떨어뜨리지 않은 게 정말 다행이었다. 비행기를 떨어뜨렸다면, 미확인 비행 물체(UFO)가 탄생했을 테니까 말이다.
8. b) 콩은 잘 자랐다. 다만 몇 가닥 뿌리가 아래가 아닌 위로 뻗어 올라갔다는 점이 달랐다.
9. d) 박테리아도 달에서 살 수 있다(자라거나 번식하지는 못한다). 과학자들은 박테리아가 우주에서 살아남을 수 있다고 믿는다.
10. j) 착륙선 여섯 대와 월면차 세 대를 달에 버렸다. 영어로 월면차를 'lunar rover'라고 하는데, 영국에서는 rover(로버) 때문에 그 이름이 강아지 이름처럼 들리겠지만, 월면차는 달에서 타고 다니는 차다.

공식 사과문

미안하게도 가장 중요한 말을 빼놓았다. 무중력 상태에서는 몸속 수분이 머리로 몰려 감기에 걸린 느낌이 든다. 게다가 신장에도 수분이 몰려 늘 오줌을 누고 싶은 느낌이다. 다행히 우주선 화장실은 특별하게 만들어 놓아서 똥오줌이 우주선에 둥둥 떠다니지 않는다.

여러분은 새로운 길을 개척할 용기가 있을까?

우주선에선 화장실을 어떻게 쓸까? 다음에 적힌 몇 가지 단계를 순서대로 정리해 보자. 한 가지라도 실수를 저지른다면, 똥오줌 세례를 받을 테니 단단히 각오하도록! 순서를 올바르게 알아맞힐 때마다 1점을 받는다.

경고: 이 퀴즈는 좀 지저분하니까 엄마 눈에 띄지 않도록 조심할 것!

a) 특수 화장지로 변기와 뒤를 꼭 닦아 준다.
b) 변기에 앉는다.

c) 환풍기를 켜서 변기로 똥오줌이 빨려 나가게 한다. 환풍기를 켜지 않으면 똥오줌을 뒤집어쓰게 된다.

d) 볼일을 볼 때는 양쪽 손잡이를 꼭 잡아야 중요한 때에 몸이 붕 뜨지 않는다.

e) 적당한 크기의 깔때기나 분사구에 엉덩이 쪽을 댄다. 흠흠, 더 자세히 설명하기는 곤란하니까 알아서 잘하도록.

f) 똥을 누었을 때는 단추를 눌러 더 세게 빨려 나가게 한다.

답(모두 6점) :
b), e), d), c), f), a) 순에, 이대로 우주인이 되면 쉬야!

아름다운 태양계

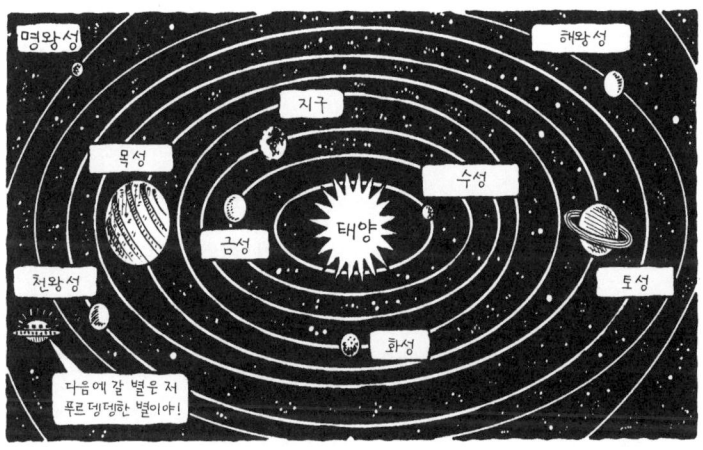

괄호 안 대문자로 쓴 영어 단어를 63쪽에 나오는 알파벳에서 찾아보자!

1. 레이더(RADAR)의 전파는 지상에 있는 물체에 부딪혀 돌아온다. 우리는 이 전파를 읽고 물체의 모양을 알 수 있다. 구름 뒤에 숨은 금성의 모습을 볼 수 있었던 것도 다 레이더 덕분이었다. 그래서 지구 지도보다 더 자세한 금성 지도가 나오게 되었다.

2. 목성(JUPITER)에는 대적점이 있다. 대적점이란 지구보다 세 배나 큰 소용돌이를 말한다.

3. 토성(SATURN)의 고리는 14년에 한 번씩 사라진다. 토성이 기울어질 때 고리도 함께 기울어지기 때문에 지구와 가까워지면 그 고리가 보이지 않는 것이다.

4. 이오(IO)는 목성의 위성이다. 그런데 이오에 있는 화산은 어찌나 많은 암석을 뿜어내는지 1만 년에 한 번씩 위성 전체를 갈아엎을 정도다.

5. 목성의 위성인 유로파(EUROPA)는 얼음으로 뒤덮여 있는데, 그 안에는 외계 생명체가 살고 있을지도 모르는 엄청난 물이 있다. 어때, 그곳에서 수영하고 싶지 않아?

6. 미국 천문학자 퍼시벌 로웰(1855~1916년)은 화성(MARS) 표면에 있는 흔적을 보고 운하라고 생각했다. 이탈리아 과학자 조반니 스키아파렐리(1835~1910년)도 1877년에 그 흔적을 보았지만 저절로 생긴 지형으로 여겼다.

7. 달(MOON)에서 가장 큰 크레이터는 67,300km^2로 크기가 영국 스코틀랜드 땅덩어리와 비슷하다.

단어 찾기(한 단어에 1점씩 모두 7점)

```
N S G N I R
R A N S R E
U P O I A T
T O O S D I
A R M R A P
S U N A R U
R E A M A J
```

보너스 문제

미국 우주인 데이비드 레비 가라사대!

> 목성은 태양계의 진공청소기다.

이 말은 대체 무슨 뜻일까?

a) 목성은 진공청소기처럼 태양계의 먼지를 깨끗하게 빨아들인다.

b) 목성은 진공청소기처럼 전기를 써서 돌아간다.

c) 목성은 혜성을 진공청소기처럼 빨아들여 혜성이 지구에 떨어지는 것을 막아 준다.

답(2점):
c) 목성의 인력은 혜성을 빨아들인다. 목성이 없었다면 우리는 벌써 오래전에 혜성에 맞아 멸종했을 것이다!

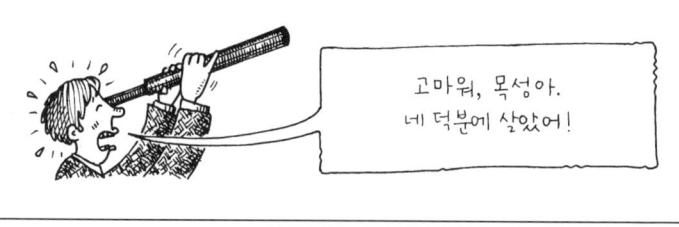

섬뜩한 표현

천문학자 가라사대!

여러분이라면 뭐라고 대꾸하겠는가?

a) 멋져요! 청색 낙오성이라면 최고의 음악 그룹이잖아요!

b) 다른 별보다 뒤처지는 한심한 별이잖아요. 그래서 청색 낙오성 아니겠어요?

c) 청색 낙오성은 정말 못된 놈이죠. 녀석이 우리 태양계 가까이 오면 큰일 날 거예요.

> 답(다): 청색 낙오성은 다른 별을 집어삼키며 통통해진다. 천문학자가 그 별을 친절하게 설명하는 동안에도 가까이 오면 큰 말을 해도 된다.

놀라운 우주 퀴즈

여기 우주에 관한 놀라운 사실이 있다. 태양계에서 이런 사실을 아는 선생님은 없을걸. 다음 보기를 읽고 참과 거짓으로 가려 보자.

1. 과학자들은 우주가 대폭발을 일으켜 태어났다는 빅뱅에서 열에너지를 찾고는 외계인이 빅뱅을 만들었다고 생각했다.
2. 우리 은하계에는 다이아몬드가 수백만 개 떠다니고 있다.
3. 우주에서 포르말린이 나왔다. 이것은 사실이지만 다음 이야기도 사실일까? 학교 급식에 포르말린이 들어 있다.
4. 천문학자들은 우주에 알코올이 떠다니는 걸 발견했다.
5. 지구에 있는 모든 금은 태양계가 태어나기 훨씬 전에 별이 폭발하여 생긴 것이다.

답(모두 5점):
1. 거짓 1964년, 미국 벨 연구소 과학자들은 빅뱅이 일어난 뒤 바로 우주를 채우고 있던 열에너지가 식어서 생긴 전자기파를 찾아냈다. '우주 배경 복사'라고도 하는 이 전자기파는 빅뱅이 일어난 뒤 우주가 팽창했다는 증거다. 하지만 과학자들은 비둘기 똥이 레이더 망원경에 묻어서 생긴 전파 방해라고 생각했다. 그래서 비둘기 똥을 닦느라고 오랫동안 애쓰다가 비둘기 똥 때문에 그런 게 아니라는 걸 나중에야 깨달았다.
2. 참 은하수는 다이아몬드로 가득하다. 은하수에는 다이아몬드 10억 톤이 둥둥 떠다닌다. 그건 행성 하나를 거뜬히 만들 수 있는 양이다! 다이아몬드는 사실 폭발한 별의 찌꺼기다.
3. 거짓 부디 거짓이기를 두 손 모아 빈다. 포르말린은 장의사가 방부제로 쓰는 화학 약품으로 독성이 있다. 그러니 아무리 목이 말라

도 포르말린을 마시지 말 것!
4. 참 보통 우주의 가스 구름에는 위스키 10,000,000,000,000,000,000,000,000병을 만들 수 있는 알코올이 떠다닌다.
5. 참 금은 별이 폭발하면서 생긴 것이다.

여러분의 점수는?

우리는 지금까지 우주를 돌아보고 태양계를 공부했다. 우주 여행을 마치고 돌아오는 여러분의 모습은 어땠을까? 과학계의 떠오르는 샛별? 아니면 갈 곳 없는 외계인?

여러분의 점수는 몇 점인가? 혹시 우주 바보는 아니겠지?

우주를 떠도는 물질에는 한 가지 공통점이 있으니, 그건 모두 화학 물질이라는 사실이다. 그러니 다음 장에 나오는 이야기는 화학자들이 아주 좋아하는 것일 수밖에 없다. 그렇다면 이제 시험관을 열어 볼까?

화학이 화끈화끈

화학자는 화학 물질과 화학 반응을 연구하는 사람이다. 물질과 물질이 섞이거나 온도가 바뀔 때 두 물질 사이에 어떤 변화가 일어나는지 연구한다. 그러니 화학자와 만나 수다를 떨고 싶다면 기본 상식쯤은 갖추어야 한다. 여기 여러분에게 화학을 가르쳐 줄 천재 박사를 소개한다.

화학 X-파일

화학은 정말 멋진 과학 분야야!
집을 한번 둘러봐. 세제, 비누, 살균제,
페인트, 염색약이 눈에 띌 거야.
모두 화학 물질이지! 화학자는
이런 화학 물질을 실험하고 혼합해서
새로운 물질을 만드는 사람이야.
우린 다양한 곳에서 일해!
나만 하더라도 화장품 회사의 품질
관리부에서 일하거든. 음, 그러니까 화장품과
샴푸에 들어 있는 화학 물질을 실험해서
화학 물질이 제대로 혼합되었는지
알아보는 거지. 게다가 화장품 견본을
공짜로 마음껏 얻어 갈 수 있으니
얼마나 좋은지 몰라!

혼합 이야기가 나왔으니까 말이지만, 지금부터 몇 가지 퀴즈를 혼합해 보아야겠다.

물질과 반응

아래에 여러 가지 화학 물질이 있다. 이 화학 물질이 저마다 어떤 반응과 관계가 있는지 짝지어 보자.

a) 다이아몬드　b) 오존　c) 황철석
d) 바닐린　e) 금　f) 메틸메르캅탄　g) 숯검정

1. 이 물질은 평평하게 펴기가 매우 쉽다. 성냥갑만 한 이 물질을 평평하게 펴면 테니스장을 씌울 수 있을 만큼 엄청나게 커진다.

2. 이 물질에는 버키 어니언(bucky onion)과 버키 버니(bucky bunny)가 들어 있다. 이것은 탄소 분자로, 버키 어니언은 양파처럼 켜가 겹겹이 쌓여 있고 버키 버니는 토끼처럼 '귀'가 달렸다! 정말 귀가 막히고 코가 막힐 노릇이다.

3. 1905년 영국 왕 에드워드 7세는 이 물질을 선물로 받고서 이렇게 말했다고 한다.

4. 독일 화학자 크리스티안 쇤바인(1799~1868년)은 실험실에서 고약한 냄새를 맡은 뒤에 이 물질을 발견했다.

5. 1578년 탐험가 마틴 프로비셔(1535~1594년)는 캐나다 북부에서 이것을 보고는 금인 줄 알고 목숨을 걸고 캐 왔다. 그러나 그것은 금이 아니었다.

6. 이 물질은 조금만 뿌려도 온 경기장에 그 냄새가 진동한다. (도움말: 이 물질은 아이스크림 향으로도 쓴다.)

7. 우리 몸에 아스파라거스가 들어가면 이 물질이 생긴다. 그래서 아스파라거스를 먹으면 오줌에서 고약한 냄새가 난다. 제2차 세계 대전 때 미군 조종사들은 아스파라거스 수프를 싣고 나갔다가 비행기가 포탄에 맞으면 그걸 먹고 바다로 뛰어들었다고 한다. 그리고 오줌을 누면 오줌 냄새를 맡고 물고기가 몰려드니 그걸 잡아먹으라고 했다나 뭐라나.

답(모두 7점):
1. e) 사실 지금까지 찾은 금을 모조리 모아 정육면체로 만들면 테니스장을 채우고도 남을 것이다.
2. g) 최초로 발견한 둥근 탄소 분자는 버키볼이다(72쪽 참고).
3. a) 1905년에 에드워드 7세는 생일 선물로 세계에서 가장 큰 다이아몬드를 받았다. 하지만 천연 다이아몬드 원석은 유리와 비슷해서 빛이 나지 않는다. 다이아몬드는 잘 깎아서 다듬어야 비로소 빛이 난다.
4. b) 오존은 그리스 어로 '냄새나다'란 뜻이다. 기체인 오존은 공기(산소)에 고압 전류를 흘려보낼 때 일어나는 화학 반응의 결과로 생긴다. 그렇다, 오존은 태양에서 나오는 자외선을 막아 주는 바로 그 기체다(47쪽 참고).
5. c) 황철석은 '바보의 금'이라고도 알려져 있다. 색이 금과 거의 비슷해서 금으로 알기 쉽지만, 도로를 닦을 때 바닥에 까는 물질이 바로 황철석이다.
6. d) 이 화학 물질은 바닐라 향을 압축시킨 것이다.

7. f) 이 물질은 세상에서 가장 고약한 냄새를 풍긴다는 메틸메르캅탄이다. 썩은 양배추, 마늘, 양파, 탄 토스트, 막힌 변기에서 나는 냄새와 비슷하다. 어때, 냄새 한번 맡아 볼래?

무시무시한 원자

화학 물질은 원자로 이루어져 있다. 그리고 원자가 둘 이상 결합하여 이루어진 것을 가리켜 분자라고 한다.

이상 / 이하 분자 퀴즈

이 퀴즈는 이상 / 이하 퀴즈다. 이제 이상 / 이하 퀴즈의 규칙쯤은 잘 알고 있겠지? 그렇다면 다음 문제에 이상이나 이하로 답해 보자.

1. 골무를 가득 채우려면 원자는 600만 개 이상이 필요할까, 이하가 필요할까?

2. 물 한 찻숟가락에는 욕조 물의 찻숟가락 수 분자가 이상 들어 있을까, 이하 들어 있을까? (그렇다고 지금 욕조 물을 찻숟가락으로 떠서 세지는 말자.)

3. 우리 몸은 순간순간 분해되고 있다. 우리 몸에서는 1초마다 원자가 40억 개 이상이 분해될까, 이하가 분해될까? 원자는 방사성 물질이어서 무겁기 때문에 분해되어 다른 물질로 변한다.

4. 버키볼은 버니볼과 비슷한 둥근 탄소 분자다. 탄성이 좋아서 강철에 던지면 시속 50km 이상이 날아갈까, 이하가 날아갈까? 그러고도 자동차 앞 유리에 치인 벌레처럼 터지기는커녕 힘 있게 튀어 오른다.

5. 미국 로스앤젤레스에 흐르는 공기에서는 핫도그 냄새가 난다. 공기 중에 떠다니는 고기 분자가 모여 냄새를 풍기는데, 이 분자의 무게를 합하면 코끼리 200마리의 무게 이상이 될까, 이하가 될까?

> 답(옳은 5점):
> 1. 이상. 냄새를 풍기는 기체 상태의 원자가 600,000,000,000,000,000,000,000개나 발표하다. 그리고 이 원자 하나하나의 무게가 합쳐져 큰 공의 무게가 된다.
> 2. 이상. 동물원을 돌아다니는 코끼리 몸 한 마리를 쫓아서 바닷물에 모두 헤엄쳐 들어가면 바닷물 0.6미터 몸 원자 24개가 들어간다. 그리고 짓궂게, 모두에 몸이 있는 분들 원자의 수는 대체로 바닷물을 들이 짓궂게 수가 비슷하다.
> 3. 이상. 우리 몸에서는 1초에 원자가 40억 개에서 흡배되지 않고 있지만, 원자가 흡수하지 않고 오히려 팔굽힐 수도 없다. 그리고 원자 40억 개도 있는 몸이 2초 원자 2,500개 가량 흡수 꿀에 지나지 않는다.
> 4. 이상. 바이킹호 시대 27,400km의 속도로 날아가 순식간에 날려도 타의 오른다.
> 5. 이하. 고기의 원자의 무게를 쫓아가 코끼리 내 머리의 무게에 만나지 많이라도. 그러면 코끼리 때만 무게를 풍기지 않아서 다행이지도 모른다.

섬뜩한 표현
과학자 가라사대!

여러분이라면 뭐라고 대꾸하겠는가?
a) 그게 뭐, 나도 햄스터 무게를 재 봤거든요.
b) 아, 원자 무게를 연구하시는군요?
c) 그래요? 나도 쇼핑몰에 자주 가요.

답(나쁨): b) 물론 화학자는 원자를 낱개로 다루지 않는다. 물론 각 원자의 중량은 너무 작아서 저울로 잴 수도 없다. 하지만 원자의 수가 12g 중에 들어 있는 탄소-12 원자의 수와 같게 그만큼 모은 것을 1몰이라 부르며, 1몰의 중량은 잴 수 있다.

화학 물질 퀴즈

이 퀴즈는 아주 쉽다. 물론 답을 모르면 쉽지 않겠지! 아래 제품을 그 원료와 짝지어 보자.

제품

1. 펜싱 양날검과 제트기는 ＿＿＿(으)로 만들었다.
2. 로마 시대에는 치약을 ＿＿＿(으)로 만들었다.
3. 19세기 영국 모자에는 ＿＿＿이(가) 들어 있었다.
4. 비료에는 ＿＿＿이(가) 들어 있다.
5. 고대 이집트에서는 접착제를 ＿＿＿(으)로 만들었다.

원료

a) 치즈

b) 독성 수은

c) 마른 새똥과 죽은 물고기에서 뽑아낸 물질
d) 황산
e) 꿀

6. 화장지는 ____(으)로 만든다.
7. 인공 관절은 ____으(로) 만든다.
8. 연필심에는 ____이(가) 들었다.
9. 1870년대에는 ____이(가) 든 껌이 있었다.
10. 19세기 영국에서는 골프공 한가운데에 ____을(를) 넣었다.

 f) 해초

 g) 파라핀

 h) 강력 합성 섬유 (케블라)

 i) 진흙

 j) 오줌

답(모두 10점):
1. h) 케블라로 제트기와 펜싱 검을 만들었다.
2. j) 암모니아는 오줌에 들어 있는 화합물이다. 로마 시대에는 길모퉁이에 오줌통을 놓고 거기에 쌓인 오줌을 받아서 치약을 만들었다. 오줌으로 이를 닦다니 알뜰하기도 하지.
3. b) 수은으로 모자를 딱딱하게 세웠다. 그런데 수은에는 독성이 있어서 정신병을 일으켰다.

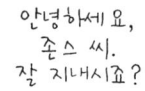 

4. c) 비료에는 인산이 들어 있다. 태평양 나우루 섬에는 마른 새똥과 죽은 물고기가 쌓여 생긴 인산이 묻혀 있다. 어때, 그곳으로 놀

러 가고 싶지 않아?
5. a) 고대 이집트에서는 치즈와 비슷한 물질을 접착제로 썼다. 젖에서 나온 유장을 라임과 섞어서 접착제로 만든 것이다. 1800년대에 들어서서 눅눅한 날에는 그 접착제가 끈적끈적해진다는 것이 밝혀졌다. 아무리 그래도 쓰레기통이 소화 불량에 걸리는 꼴을 보고 싶지 않다면, 쓰레기통에 그런 접착제를 버리지는 말자.
6. d) 황산은 뻣뻣한 화장지가 비칠 만큼 얇게 펴는 데 쓴다. 화장지를 황산에 담갔다가 황산을 씻어 낸다. 그렇지 않으면 엉덩이가 황산에 타고 말 테니까.
7. f) 인공 관절은 플라스틱으로 만들지만 해초에서 뽑아낸 화학 물질을 섞기도 한다.
8. i) 연필심의 원료는 진흙이다. 진흙에 흑연(탄소로 이루어진 광물)을 섞어 구우면 단단한 연필심이 탄생한다.
9. g) 파라핀은 땔감으로 쓰는 기름, 즉 연료유다. 그런 파라핀을 껌에 섞었으니 얼마나 이상한 맛이 났을까!
10. e) 골프가 정말 꿀맛이다!

보너스 문제
다음 제품 중 해초가 들어가지 않은 것은?
a) 두통약
b) 전구
c) 면도용 크림

답(정답):
b) 해초는 전구를 제외한 모든 제품에 쓰인다. 면도용 크림에 든 알긴산염(해초에서 추출한 끈적끈적한 물질. 과자 만드는 데 쓴다) 덕에 그 크림은 걸쭉한 풀을 만든다.

화학을 이용한 거짓말 퀴즈

다음 이야기 가운데 만우절에 속일 거짓말을 찾아보자. 이야기가 참말이면 참, 거짓말이면 만우절 장난으로 답한다.

> 이 퀴즈를 친구에게 내고는 친구가 답을 제대로 못 맞히면 "만우절이잖아!" 하고 외친다.

1

1970년 미 공군 뉴스
공군 승리의 냄새를 풍기다

미 공군 소속 항공 부대는 냄새나는 무기를 실험해 왔다고 한다. 공군 대변인은 이렇게 말했다. **픽!** "우리는 그 소문에 대해 시인도 부인도 하지 않을 것입니다. 하지만 뭔가 심상치 않은 냄새가 납니다."

2

프랑스 염료 뉴스
··❈·· 1859 ❈··
핏빛 혈전의 추억

최근 벌어졌던 마젠타 전투를 기려 새롭게 만든, 핏빛을 띠는 보랏빛 염료에 마젠타라는 이름을 붙였다. 나폴레옹 3세는 이렇게 그 느낌을 밝혔다. "우리 병사들이 전쟁터를 피로 물들이는 동안 화학자들은 옷감을 핏빛으로 물들였다."

3

1999년 샌프란시스코 타임스
코끝이 찡한 진수성찬

과학자들은 오래된 양말에서 나는 고린내가 들어간 향료를 만들어 냈다. 한 과학자는 이렇게 말했다. "이 향료는 안전하고, 값싸고, 건강에 좋습니다. 이 향료를 좋아하지 않는다면 뒤가 구린 사람이죠."

4. 1864년 미 남부 연합 뉴스
오줌으로 이끈 승리!

우리 남부 연합군은 남북 전쟁에 화약이 떨어질지 몰라 골머리를 앓고 있다. 하지만 오줌에 들어 있는 질산에 칼륨을 녹여 질산칼륨을 만들고 그 질산칼륨으로 화약을 만들 수 있다. 그러니 오줌을 기부하기 바란다. 오줌 한 컵이면 화약이 한 움큼!

5. 2000년 초콜릿 잡지
시금치 맛이 나는 초콜릿!

과학자들은 시금치에 들어 있는 화학 물질이 초콜릿 맛을 낸다는 걸 알아냈다. 그래서 집과 학교에서는 아이들에게 시금치 초콜릿을 주기로 했다.

6. 1987년 목수 타임스

독일 화학자들은 물렁한 판지와 자갈을 건축 재료로 쓸 수 있다는 걸 알아냈다. 한 건축업자는 이렇게 말했다. "우리는 성미가 좀 물렁해서 그렇지 집은 튼튼하게 짓습니다."

7. 1996년 바비큐 그릴이 어떻게 되었다고?
바비큐 그릴을 폭발시킨 과학자!

미국의 한 전자 공학자가 액체 산소를 연료로 쓸 수 있는지 어떤지 실험을 하다 바비큐 그릴이 폭발했다. 이에 충격을 받은 조지 고블은 나중에 이렇게 말했다. "가슴이 찢어졌지. 맛있는 소시지가 얼마나 먹고 싶었는데."

> **답(모두 7점):**
> 1. **참** 항공 부대는 전 세계 사람들에게 가장 역겨운 냄새를 고르도록 했다. 이를테면 미얀마에 사는 카렌 인은 식용유 냄새를 아주 싫어했다. 어린이들에게 학교 급식 냄새를 맡게 하려는 실험도 생각했지만 잔인함 때문에 금지했다.
> 2. **참** 염료는 1859년에 프랑스 화학자가 만들었다.
> 3. **만우절 장난** 학교 급식에 이 향료를 넣는다는 소문은 절대 믿지 말 것!
> 4. **참** 미국 남북 전쟁(1861~1865년) 때 사람들은 항아리에 오줌을 누었다. 그리고 특별한 마차를 타고 소중한 오줌 항아리를 거두러 다녔다.
> 5. **참** 시금치와 마찬가지로 초콜릿에도 쓴맛이 나는 옥살산이 들어 있다. 그래서 초콜릿도 시금치처럼 쓴맛이 나지만 설탕을 넣어 쓴맛을 줄였다. 그렇다면 여러분은 둘 중 무엇을 먹겠는가? 시금치? 아니면 초콜릿?
> 6. **만우절 장난** 말도 안 되는 헛소리다.
> 7. **참** 산소는 우리가 숨 쉬는 공기 중에 들어 있는 기체다. 산소는 물질이 타는 것을 돕는다. 그러니까 순수한 산소를 연료로 쓴다면, 물질은 엄청난 속도로 타들어 갈 수밖에 없다.

더블 보너스 문제(4점!)

1999년 영국에서 장난감 가게 주인이 잘못하여 풍선을 부는 데 쓰는 헬륨 가스통에 툭 떨어졌다. 가스통 노즐에 찔리는 바람에 몸이 부어올랐다.

그다음에 어떤 일이 벌어졌을까?

a) 몸이 펑 하고 터져 버렸다.

b) 헬륨이 공기보다 가볍기 때문에 몸이 풍선처럼 둥둥 떠올라 천장에 닿았다.

c) 몸이 부어올랐지만, 다행히 차츰 정상으로 돌아왔다.

답(4전):

c) 초등은 매기 는 꿀매 아버링기자 팔 읽기 타킹과 뛰 가정훘다. 오지를 훕입 왈창이 묘문이 빠져나갔다.

섬뜩한 표현

화학자 가라사대!

여러분이라면 뭐라고 대꾸하겠는가? 위 대답이 과연 옳을까? 예나 아니오로 답해 보자.

> **답(1점):**
> 아니오. '후루룩'은 스펀지 H-스폰의 별명이다. 1974년에 미국 화학자들이 만든 H-스폰은 부피가 1,300배나 되는 물기를 빨아들인다. 물을 왕창 마시는 아기의 기저귀를 만들면 제격이겠다!

직접 해 보는 실험: 비누의 원리

준비물:

식용유

비누

손(다른 사람이 손을 빌려 주지 않으면 자기 손을 쓸 것. 하하!)

실험 방법:

1. 차가운 식용유를 알맞게 손바닥에 따라 손가락으로 문지른다.

2. 흐르는 수돗물에 손을 대고 손바닥을 문지른다.

3. 손에 비누를 칠하고 손가락으로 문지른다. 흐르는 수돗물에 손을 씻는다.

자, 뭐 느낀 거 없남?

a) 물로 씻으니 손이 덜 미끄러웠지만, 비누로 씻으니 더 미끄러웠다.

b) 물로 씻어도 손은 여전히 미끄러웠고, 비누로 씻으니 덜 미끄러웠다.

c) 물로 씻으니 손이 차가워졌고, 비누로 씻으니 손이 뜨거워졌다.

답(2점):

b) 식용유에는 물과 섞이지 않는 화학 물질(모든 기름에 들어 있다)이 들어 있다. 따라서 물로 손을 씻어도 기름기가 완전히 씻기지 않는다. 비누 분자는 기름을 좋아하는 꼬리와 물을 좋아하는 머리로 이루어져 있는데, 그것이 물과 기름을 섞는 역할을 한다. 그래서 비누를 칠하고 물로 씻으면 기름과 비누가 함께 씻겨 나간다.

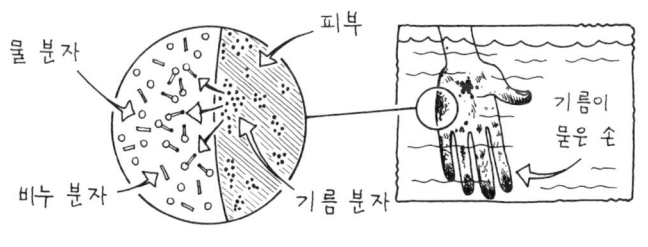

물질의 상태

지구에 있는 모든 화학 물질은 고체나 액체, 아니면 기체다. 여기 선생님이 마시는 차 한 잔을 예로 들어 보자.

이 세 가지 물질의 상태(화학자가 쓰는 말)가 달라지는 것은 온도 때문이다. 물질의 상태는 저마다 다른 온도에서 변한다.

물질의 상태 퀴즈

다음 문제를 읽고 고체, 액체, 기체 중 하나로 답해 보자.

1. 달걀이 프라이팬에 눌어붙는 까닭은 흰자에 단백질이 들어 있기 때문이다. 달걀 프라이가 다 되면 흰자는 어떤 상태가 될까?

2. 초저온 냉동법이란 시체를 아주 차가운 질소(공기 중에 흐르는 원소)에 넣어 얼리는 것을 뜻한다. 이때 질소는 어떤 상태일까?

3. 1695년에 돈 많은 귀족이 과학자 두 명에게 다이아몬드를 주었다. 과학자들은 실험 삼아 해가 드는 곳에서 볼록 렌즈로 다이아몬드를 태워 보았다. 실험이 끝났을 때 다이아몬드는 어떤 상태가 되었을까?

4. 유리는 어떤 상태일까?

5. 에펠 탑 높이는 날씨에 따라서 달라진다. 날씨가 더우면 원자 사이의 틈이 벌어지기 때문에 철이 늘어나 에펠 탑 높이가 15cm나 높아진다. 이때 철은 어떤 상태일까?

6. 워싱턴 대성당의 납으로 만든 지붕은 1920년대에 어떤 상태가 되었을까?

7. 1930년 독일 낙하산 부대는 뇌운 사이로 떨어져 추위 때문에 인간 우박이 되고 말았다. 부대원들의 몸을 감싼 물질의 상태는?

답(모두 7점):
1. **고체** 단백질에 열을 가하면 서로 엉겨서 프라이팬에 눌어붙는다.
2. **액체** 질소는 기체지만, 아주 차게 식히면 액체가 된다. 미국에서 질소로 시체를 보관하는 어떤 회사는 묘지에 터를 잡았다가 그만 쫓겨나고 말았다. 밤마다 질소를 다시 채우러 묘지에 나타나는 어슴푸레한 형체를 보고 사람들이 질겁했기 때문이다. 결국 회사는 차고와 지하 창고에 시체를 보관하는 수밖에 없었다.

3. **기체** 다이아몬드에서 별안간 연기가 나더니 다이아몬드가 사라져 버렸다. 사실 다이아몬드는 석탄처럼 탄소로 이루어져 있고 열을 받으면 타는 성질이 있다. 부디 그 귀족이 다이아몬드를 돌려 달라고 하지 않았기를 바란다.
4. **액체** 유리는 모래와 다른 화학 물질을 섞어 높은 온도에서 녹인 다음 재빨리 식혀 만든 물질이다. 겉으로 보기에는 고체 같지만 사실은 매우 느리게 움직이는 액체다.
5. **고체** 에펠 탑 철은 고체다. 원자와 원자 사이가 지나치게 벌어져 탑이 흔들리면, 에펠 탑이 아니라 '에계 탑'으로 이름을 바꾸어야 할지도 모르겠다.
6. **액체** 더운 여름이 되자 납이 녹아내렸다. 그래서 지붕에 금속 원소 안티몬을 섞었다.
7. **고체** 우박은 얼음덩어리로 이루어져 있다. 그 얼음덩어리가 커지고 커지면 기류가 흔들려 우박으로 떨어지는 것이다. 네 낙하산병들은 이렇게 얼음에 싸인 채 땅에 떨어져 죽었다. 참 사납기 짝이 없는 운명이다.

보너스 문제

남극에 사는 어떤 물고기는 차가운 물속에서도 꽁꽁 얼지 않도록 핏속에 부동 성분이 들어 있다. (꼼짝하지 않고 똑바로 서 있는 부동자세와 헷갈리지 말 것!) 핏속에서 생기는 빙정이 부동액 같은 이 물질에 덮여서 자라지 못하기 때문이다. 그렇다면 이 부동액을 어떤 분야에 써먹을 수 있을까?

답(2점):
과학자들은 이 물질로 이식할 장기를 얼리는 방법을 개발하려고 했다. 그리고 보니 이 기술로 장기 맛이 나는 아이스크림을 개발할 수도 있겠다!

여러분의 점수는?

먼저 이 장을 다 마친 것을 축하한다! 이제 점수를 더하는 일만 남았다. 제발 꼴찌만은 면하기를 바란다.

조금 전에 물고기 이야기를 하다 말았지? 물고기 이야기가 나와서 말이지만, 여러분은 과연 햇빛을 받으면 녹는(화학자는 '고체에서 액체로 바뀐다'고 하겠지?) 물고기가 있다는 걸 알고 있을까? 조금 어이없는 소리로 들릴지도 모르지만, 다음 장에 나오는 이야기에 비하면 아무것도 아니다.

기대하시라! 다음 장에는 무시무시한 사실이 잔뜩 도사리고 있으니까!

생물이 생긋생긋

생물학은 생물을 과학적으로 연구하는 학문이다. 여러분은 생물에 대해서 모르는 게 없겠지? 따지고 보면 여러분도 생물이고, 게다가 선생님도 스스로 생물이라고 우기니까 말이다. 하지만 모든 과학과 마찬가지로 생물학도 눈에 보이는 것이 전부가 아니다. 여러분에게 생물학을 가르쳐 줄 천재 박사를 소개한다.

생물학 X-파일

식물이나 동물 또는 미생물을 상상해 봐. 산 거라면 어떻게 사는지 알고 싶고, 죽은 거라면 해부해서 그 속을 들여다보고 싶지?

식물을 연구하는 과학자 = 식물학자
동물을 연구하는 과학자 = 동물학자
한곳에 함께 사는 동물과 식물을 연구하는 과학자 = 생태학자

내가 누구냐고? 난 편형동물을 연구하는 학자야. 편형동물을 아주 좋아해. 편형동물이 살아가는 자잘한 모습을 보면 시간 가는 줄도 몰라. 지렁이는 몸을 반으로 자르면 둘이 된다는 걸 알고 있어? 내가 바로 대학에서 지렁이를 반으로 자르면 꼬리 쪽에서 뇌가 어떻게 새로 생기는지 연구하는 사람이야. 정말 멋지지 않아? 갯내가 진동하는 갯벌에 가서 지렁이가 서식지에서 어떻게 사는지 연구하는 게 얼마나 재미있는지 몰라.

하지만 이 장에는 지렁이나 나비처럼 우리가 잘 아는 생물만 나오는 건 아니다. 어떤 생물은 여러분을 보자마자 깨물려고 달려들지도 모른다.

식겁할 식물

식물은 대개 녹색 생물이며 햇빛을 받아 공기 중에 있는 이산화탄소와 수분으로 유기물을 합성하며(광합성) 살아간다. 벌레를 잡아먹는 식충 식물이나 피를 좋아하는 흡혈 식물도 있다.

비료 만들기 퀴즈

아래에서 비료 원료 세 가지를 고르자. 그리고 오랜 전통을 자랑하는 비료를 만들어 보자.

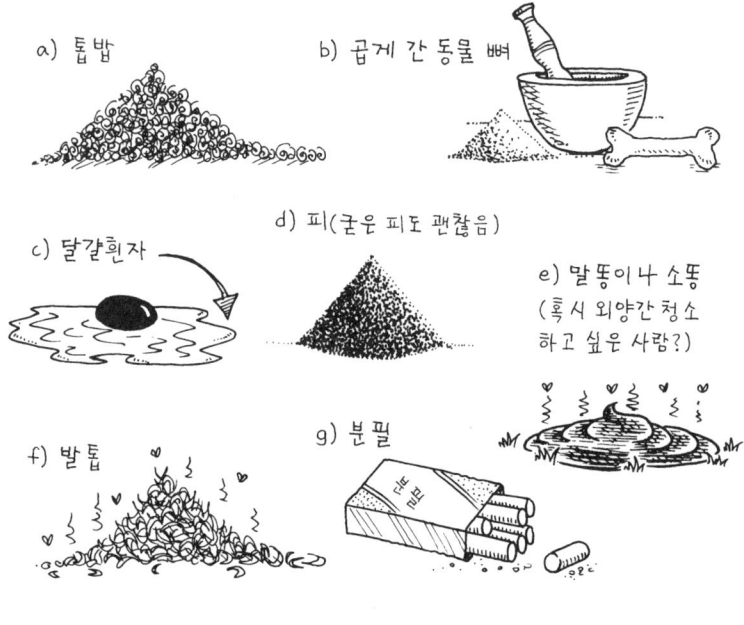

답(속구 3점):
b), d), e) 이 물질에는 모두 식물이 자라는 데 필요한 영양분이 잔뜩 들어 있다. 톱밥, 곰게 간 동물 뼈, 달걀흰자 같은 것도 영양분이 있겠지만 식물이 빨아들이기에는 덩어리가 너무 크다. 발톱 등은 영양분이 없다.

채소 퀴즈

문제에 맞는 답을 찾아서 짝지어 보자.

문제

1. 테니스장만 한 뜰에서 식물의 뿌리를 모조리 뽑아

보기

a) 물속에서 오르락내리락 하는 식물

길게 줄 세우면, 지구에서 어디까지 가는 거리의 두 배가 될까?

2. 일본 아칸 호에서 제방에 서 있던 사람들이 왜 호수를 뚫어져라 보았을까?

3. 세상에 단 하나밖에 없는 감자 박물관은 어디에 있을까?

4. 앉은부채는 어쩌다가 '더운 식물'이란 이름이 붙었을까?

5. 접란이 튼튼하게 자라도록 도움을 주는 것은 무엇일까?

b) 아이다호 주에 있는 도시 블랙풋

c) 주변보다 따뜻한 식물의 온도

d) 달

e) 포르말린 냄새

답(모두 5점):

1. d)

2. a) 이 식물은 좀개구리밥의 일종이다. 좀개구리밥은 녹색 식물처럼 광합성으로 양분을 만들고 그 과정에서 산소를 뱉는다. 광합성을 하면서 위로 올라가고, 산소를 뱉으면서 밑으로 가라앉는다. 좀개구리밥이 호수에서 오르락내리락하는 모습은 좋은 구경거리가 된다.

3. b) 페루에서 온 2000살짜리 감자가 가장 인기 많은 전시물이었다. 왜 그렇게 놀라? 별것도 아니잖아. 학교에서 급식으로 나오는 감자도 그만큼 오래됐을걸.

4. c) 앉은부채는 잎에서 일어나는 화학 반응 때문에 주변보다 높은 열을 낸다. 심지어 눈까지 녹일 수 있다.

5. e) 과학자들도 그 까닭은 모른다. 접란은 잎에 난 구멍으로 포르말린 냄새를 맡으면 뿌리가 더 길어진다.

괴상한 꽃과 과일 퀴즈

꽃과 과일이라고 하면 뜨거운 여름과 아름다운 나비와 함께 떠오르는 풍경이 있다. 게으른 호박벌은 팬지꽃이 잔뜩 핀, 아담하고 예쁜 정원에서 붕붕 날아다닌다. 자상한 정원사 할아버지는 피튜니아 근처에서 노닥거린다. 이것은 여러분이 즐겨 읽는 이야기책에 흔히 나오는 풍경일 것이다. 하지만 이 책은 '소름 돋는 과학'이 아닌가. 그러니 괴상망측한 꽃과 과일에 대한 퀴즈를 기대하시라!

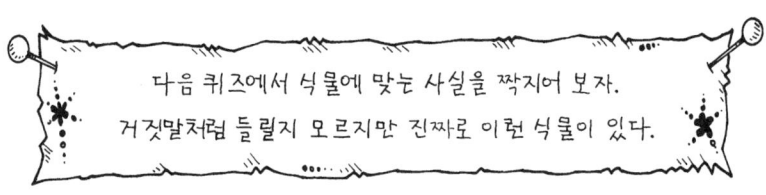

다음 퀴즈에서 식물에 맞는 사실을 짝지어 보자.
거짓말처럼 들릴지 모르지만 진짜로 이런 식물이 있다.

식물

1. 오스트레일리아 겨우살이
2. 라플레시아
3. 바나나
4. 부레옥잠
5. 수세미외
6. 달맞이꽃
7. 왕대
8. 지중해 분출오이

사실

a) 썩은 고기 냄새 때문에 파리가 꼬인다.
b) 이 식물은 나무에서 자란다. 씨가 아주 끈적끈적해서 새 꽁무니에 찰싹 달라붙는다.
c) 호수에 큰 해를 준다. 한 포기가 몇 개월 만에 60,000포기로 늘어날 수 있기 때문이다.
d) 120년마다 꽃을 피운다.
e) 녹색 점액질을 내뿜는다.
f) 저녁에 꽃을 피운다.
g) 이 열매로 그릇을 씻는다.
h) 씨 없는 이 과일은 나무에서 자라지 않는다.

답(모두 8점):
1. b) 오스트레일리아 겨우살이새는 겨우살이씨를 먹고 똥을 누고는 나무에 뒤를 닦는다. 이렇게 해서 겨우살이씨가 나무에서 자라게 된다.
2. a) 라플레시아는 별명이 '썩은 시체 냄새를 풍기는 백합'이다. 거무튀튀하고 퀴퀴하게 썩은 라플레시아를 선생님에게 크리스마스 선물로 주자.
3. h) 바나나는 나무가 아닌 큰 풀에서 자란다. 우리가 먹는 바나나는 먹기 좋게 씨를 없앤 품종이다. 바나나 속 검은 부분이 씨가 있던 자리다.
4. c) 전 세계 곳곳에 있는 민물 호수는 무섭게 자라는 부레옥잠 때문에 숨이 막혀서 죽을 지경이다.
5. g) 수세미외는 열대 과일인데, 바짝 말려서 딱딱하고 거칠게 만든다. 제2차 세계 대전 때에는 수세미외의 섬유 조직으로 철모에 들어가는 딱딱한 심을 만들었다.
6. f) 달맞이꽃은 낮에는 꽃잎을 오므렸다가 해 질 녘에 활짝 벌린

다. 달맞이꽃 종자유는 피부병 치료에 쓰인다.
7. d) 지구에 사는 왕대꽃이 같은 시각에 모조리 피었다가 진다는 걸 생각하면 소름이 끼친다.
8. e) 분출오이만 있으면 학교 급식 시간이 훨씬 재미있어지겠다.

나는 식충 식물학자가 될 수 있을까?

사람들은 식충 식물을 다양하게 쓸 수 있다는 걸 알았다. 그렇다면 식충 식물은 어디에 쓰일까? 다음에서 세 가지만 골라 보자.

답(모두 3점):
b) 유럽 곳곳에서는 식충 식물인 벌레잡이제비꽃의 끈적끈석한 잎으로 이불에 사는 이를 잡았다.

c) 벌레잡이제비꽃에서 나오는 즙을 우유에 타면 우유가 딱딱하게 굳는다. 그 굳은 우유로 치즈를 만들 수 있다.
e) 끈끈이주걱 잎도 매우 끈적끈적하다. 그 잎에서 나오는 즙으로 연고를 만들었다. 안타깝게도 약효는 없었다.

미운 미생물과 귀찮은 곤충

이제 식물보다 작은 곤충을 생각해 보자. 곤충은 그 종류가 세상 모든 동물을 합한 것보다 더 많다. 그리고 미생물은 그보다 훨씬 더 많다.

놀라운 곤충 퀴즈

여기에 새로운 곤충이나 미생물 종이 사는 곳이 있다. 단 한 가지 함정은 그중에서 두 곳은 가짜라는 것! 다음 중 어떤 곳이 진짜이고 어떤 곳이 가짜일까? 참과 거짓으로 가려 보자.

a) 보스토크 호수 : 눈에 쌓인 남극의 지하 호수
b) 바닷가재의 입
c) 스위스 활화산 속
d) 말벌의 몸
e) 은은히 빛나는 나트륨 가로등의 전구 안

답(모두 5점):
거짓
c) 스위스에는 활화산이 없다.

e) 전구에서 열이 나기 때문에 곤충이나 미생물이 살 수 없다.

참
a) 과학자들은 보스토크 호수에 낀 얼음 사이에서 이상하게 생긴 새로운 미생물을 발견하고는 미키 마우스와 킹콩이라는 별명을 붙여 주었다. 그리고 그것이 무려 2500만 년 동안이나 자취를 감추었던 미생물이라고 믿고 있다.
b) 1995년에 과학자들은 1mm밖에 안 되는 공생 생물을 바닷가재의 입 속에서 처음 발견했다. 사람들은 바닷가재를 그렇게 오랫동안 즐겨 먹었으면서도 그 공생 생물은 보지 못했다.
d) 제노는 눈이 100개나 달린 조그만 곤충이다. 그동안 수많은 과학자들이 말벌을 연구했지만, 1995년 전까지만 해도 제노를 본 사람은 아무도 없었다. 하지만 제노는 100개나 되는 눈으로 우리를 똑똑히 보고 있었겠지?

곤충 퀴즈

여기에서는 문제에 그저 참과 거짓으로 답하기만 하면 된다. 다만 한 가지 주의할 점은 틀릴 때마다 1점씩 깎인다는 것! 그러니까 퀴즈를 잘 읽어 주고 점수를 적어 줄 친구를 찾기 바란다.

1. 애라톤은 세계 애벌레 경주 기구가 미국 몬태나 주에서 연 애벌레 경주다.

2. 화성에서 살아 있는 곤충이 발견되었다.

3. 쉬파리는 발로 음식을 맛볼 수 있다.

4. 그건 아무것도 아니다. 맵시벌은 발로 소리를 듣고 냄새까지 맡을 수 있다.

5. 초콜릿딱정벌레는 초콜릿만 먹는다. 살금살금 집으로 숨어들어서 초콜릿 하나를 다 먹어 치운다.

6. 타란툴라는 쥐에게 독침을 쏜다.

7. 해삼은 나새목의 일종으로 공격을 받으면 내장을 내뿜어 스스로를 지킨다.

8. 미국 애리조나 주에 사는 페리시티 휘트먼은 거미줄에 글자를 쓰도록 거미를 길들였고 상추 잎을 조금씩 먹어 무늬를 짜도록 개미를 길들였다.

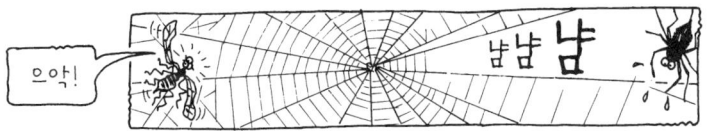

답(모두 8점):
1. 참 경주로 길이는 30cm밖에 안 된다.
2. 거짓
3. 참 특히 설탕 맛을 보는 데는 귀신이다. 파리의 발은 사람의 혀보다 맛을 더 잘 본다.
4. 참 암컷은 나무껍질 사이에 숨어 있는 애벌레를 냄새로 찾을 수

있다. 그리고 나무껍질을 뚫고 그 애벌레에 산란관을 꽂고는 알을 낳는다. 알이 부화하면 숙주인 애벌레를 양분으로 먹고 자란다!

5. 거짓 집 안에서 초콜릿이 없어진 것은 엄마 때문일걸.

6. 참 쥐를 잡아먹는 남아프리카 거미 타란툴라는 다리를 세게 문질러 가느다란 털을 침처럼 만든다. 그리고 털로 쥐의 살을 찌른다.

7. 참 해삼은 공격을 받으면 내장을 내뿜고 달아나 다시 내장을 키운다. 말만 들어도 속이 뒤집어질 것 같지!

8. 참 페리시티 휘트먼은 거미줄에 'Hi(안녕)'란 글자를 쓰도록 거미를 가르쳤고, 자기 머리에 모자 모양으로 앉도록 벌을 가르쳤다. 그렇게 벌을 벌세우고 싶었을까.

곤충 신문 퀴즈

최초의 곤충 신문에는 잘못된 사실이 네 가지 적혀 있다. 그 사실을 모조리 찾아낼 수 있을까?

고민 해결사 개미 아주머니

개미 아주머니에게
저는 검은개미를 거느린 여왕개미랍니다. 이제 막 개미집을 지었지요. 알을 낳으려면 기운이 있어야 하는데, 먹을 것이 없어서 고민이랍니다. 어떻게 해야 할까요?
쭐쭐이 여왕 올림

개미 아주머니에게
저는 부전네발나빗과의 애벌레랍니다. 지금도 무서워서 온몸이 덜덜 떨려요. 말벌 떼가 당장이라도 제 몸을 갈기갈기 찢어발길 기세로 주위를 붕붕거린다니까요. 제발 살려 주세요! 전 어떻게 하죠?
꿈틀이 올림

쭐쭐이 여왕님에게
여왕님의 몸을 뜯어 먹는 건 어때요? 그러면 곧 배가 부를 거예요. 아무래도 날개가 좋겠어요. 이제 알을 낳으면 날개를 어디에 쓰겠어요? 어차피 날 수도 없잖아요? 여왕님은 이제라도 다섯 다리로 똑바로 서는 법을 배워야겠어요.

꿈틀이에게
걱정 마. 짧은 다리를 비비면서 기다리기만 하면 돼. 우리 개미들이 너를 구하러 총알처럼 달려갈 테니까. 우리가 말벌들에게 따끔한 맛을 보여 줄 거야. 너는 개미 친구들을 위해 특제 애벌레즙을 마련해 주렴.

틈새 광고

민달팽이즙!
- 민달팽이의 필수품 민달팽이즙!
- 크리스마스가 다가오기 전에 준비하세요!
- 매끄러운 표면을 걸을 때 좋은 묽고 끈적끈적한 민달팽이즙. 거친 표면을 걸을 때는 걸쭉하고 끈적끈적한 민달팽이즙으로 여린 배를 보호하세요!
- 민달팽이 몸에서는 고슴도치 퇴치용 독가스가 나온답니다!

줄이 필요하세요?

거미줄로 해 보세요. 나일론 낚싯줄보다 튼튼합니다. 우리 거미는 파리 내장으로 거미집을 만든답니다.

집파리가 지켜야 할 예의범절

집파리 여러분, 식사 예절은 어떤가요? 혹시 소화액을 샌드위치에 뱉어서 녹은 데를 빨아 먹지는 않나요?

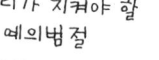

그야 당근이지!

이 책을 읽고 소화액을 예의 바르게 뱉는 법을 배워 보세요.

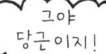 주말 특집

딱정벌레 여러분, 지루하고 따분한가요? 사는 게 힘들다고 생각한 적 있어요? 그렇다면 북극으로 떠나 보세요! 포근한 눈 속에서 14년 동안 자다가 따뜻해지면 나오는 거예요.

네!

미처 밝히지 못한 사실

남극광을 보기는 하겠지만, 자고 일어나면 겨우 몇 주밖에 살지 못한답니다.

답(모두 4점):
1. 다른 곤충과 마찬가지로 개미 다리는 다섯 개가 아닌 여섯 개다.
2. 민달팽이는 독가스가 없다.
3. 거미집은 파리 내장이 아닌 거미줄로 짓는다. 거미는 낡은 거미집을 먹어 거미줄을 뽑아낸다. 단 30분 만에 거미집을 짓는 화학 물질을 만들어 낼 수 있다.
4. 북극에서 볼 수 있는 건 남극광이 아니라 북극광이다.

보너스 문제

모기는 이빨이 있다. 뭐라고? 믿을 수 없다고? 하지만 분명한 사실이다. 그러면 모기는 이빨이 과연 몇 개일까? (도움말: 5 곱하기 16 나누기 2 더하기 7)

답(2점): 47개

앞에 나온 곤충들이 흥미진진했다면, 다음에 나올 동물들은 그야말로 짜릿함을 선물할 것이다. 특히 선생님이 모르는 흥미로운 사실이 아주 많이 나오니까 말이다. 그렇다면 지금부터 재미있는 동물 나라를 여행해 보자.

동물 찾기 퀴즈

다음에 나오는 동물과 그 이름을 바르게 짝지어 보자. (도움말: 이름만 봐서는 뭐가 뭔지 확실히 알 수 없다.)

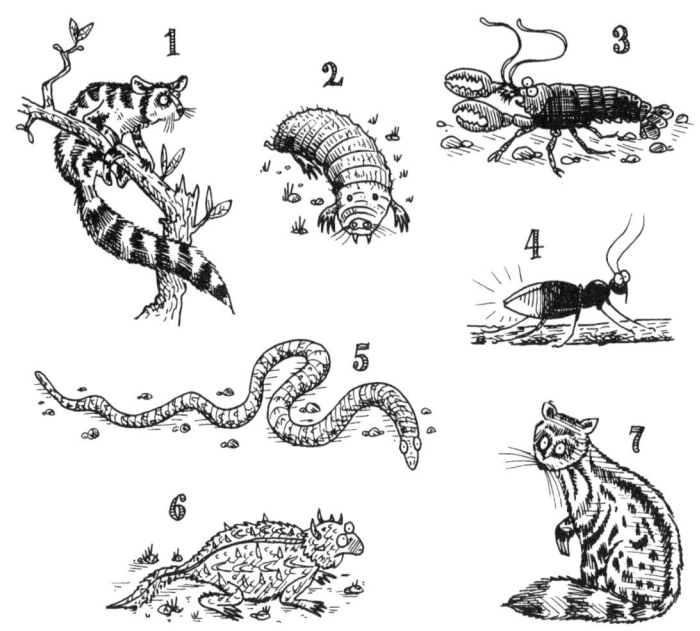

동물 이름

a) 유리도마뱀

b) 가재

c) 알락꼬리고양이

d) 벌거숭이두더지쥐

e) 반딧불이

f) 사향고양이

g) 뿔도마뱀

답(모두 7점):
1. c) 알락꼬리고양이는 아메리카너구리와 비슷하다. 진짜 고양이가 아니다.

2. d) 벌거숭이두더지쥐는 두더지도 아니고 쥐도 아니다. 오히려 땅속에 굴을 파는 벌거숭이 기니피그와 닮았다. 어떤 학자는 벌거숭이두더지쥐가 소시지와 닮은꼴이라고 말했다. 하지만 여러분이 기르는 기니피그는 부디 소시지보다 잘생겼기를 바란다!
3. b) 가재는 바닷가재와 친척이다. 가재와 바닷가재는 모두 갑각류에 속한다.
4. e) 반딧불이는 반딧불잇과의 딱정벌레다.
5. a) 유리도마뱀은 도마뱀이다.
6. g) 뿔도마뱀도 도마뱀이다.
7. f) 사향고양이는 몽구스와 친척이다. 하지만 구스(goose, 거위)와는 아무 관련도 없다.

보너스 퀴즈
위 동물 중 커피를 만드는 동물은 누굴까? (도움말: 너구리와 아무 상관 없는 고양이)

답(2쪽): 사향고양이가 커피 열매를 삼켜서 소화시킨 뒤 똥을 누면 그 똥에서 파인애플 향이 난다고 한다. 그 똥으로 파인애플 향 커피를 만들 수 있다. 누가 늙은 똥에서 만든 파인애플 향 커피 한 잔 하실래?

나는 과학자가 될 수 있을까?
과학자들이 쥐의 집중력을 알아보는 실험을 했다. 실험 결과 어떤 사실이 드러났을까?

a) 쥐는 몇 시간 동안 집중할 수 있고, 그 일을 마친 뒤에야 다른 일을 한다.

b) 쥐는 한꺼번에 두세 가지 일을 한다.
c) 쥐의 집중력은 30초밖에 안 된다. (하지만 다섯 살짜리 아이에 비하면 29초나 긴 셈이다.)

> 답(1정):
> c) 쥐는 한 번에 많은 것을 배울 수 없다. 하지만 쥐의 뇌는 30초가 지나도 여전히 많은 것을 배울 수 있고, 다른 동물들에 비하면 꽤 긴 시간이다.

보너스 문제

1970년대 미국 볼티모어에서 태어난 화가 베치는 60점이 넘는 그림을 팔았다. 베치는 누구였을까? (도움말: 동물원에 사는 털북숭이였다.)

> 답(2정):
> 베치는 침팬지였다. 60장이 넘는 그림을 팔았다가 나머지는 팬들에게 나눠주었다. 그림은 볼티모어 동물원(1853~1890년)에서 그린 것으로, 기교와 농담 사이에 잘 발달했다.

더블 보너스 문제

영국 트와이크로스 동물원에 사는 보노보는 크리스마스에 어떤 책을 선물로 받고 싶을까? (도움말: 보노보는 침팬지와 비슷한 유인원이다.)

a) 당근 이 책!
b) 이 질문은 함정이다. 유인원은 책을 읽지 않는다.

c) 침팬지가 나오는 책

> **답(4점):**
> c) 보노보는 책을 읽지는 못하지만 그림 보는 것은 좋아한다! 심지어 침팬지 그림에는 뽀뽀까지 해 댄다. 그러니까 이 책을 읽으려면 보노보 머리로는 안 되겠지?

금붕어 퀴즈

> 이 퀴즈에서는 진짜 있었던 이야기가 나온다. 먼저 친구에게 문제를 하나씩 읽어 달라고 한다. 답을 알아맞히면 계속 퀴즈를 풀 수 있다. 하지만 답을 알아맞히지 못하면 퀴즈를 계속 풀 수 없다! 그리고 답을 알아맞힐 때마다 1점씩 얻는다.

1999년 12월, 한 여자아이가 벽난로 앞 깔개에 떨어진 금붕어를 보았다. 아이는 얼른 달려가서 엄마에게 말했다. 깜짝 놀란 엄마는 서둘러서 금붕어를 물에 넣어 주었다.

1. 금붕어가 왜 깔개에 있었을까? (도움말: 그 집에서는 금붕어를 기르지 않았다.)

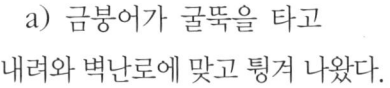

　a) 금붕어가 굴뚝을 타고 내려와 벽난로에 맞고 튕겨 나왔다.
　b) 이웃집 고양이가 금붕어를 물고 왔다.
　c) 금붕어가 벽난로 창문으로 뛰어들었다.

답(나옷):
e) 답을 찾으셨다면 다음 문제로!
---

2. 그렇다면 금붕어가 어떻게 굴뚝으로 들어갔을까?

　a) 누군가 장난으로 금붕어를 굴뚝에 집어넣었다.
　b) 새가 금붕어를 잡았다가 그만 굴뚝에 떨어뜨렸다.

　c) 연못에 살던 금붕어가 무서운 회오리바람에 휩쓸려 굴뚝으로 들어갔다.

답(1점):
b) 왜가리가 금붕어를 잡아챈 거라고 한다. 답을 맞혔다면 다음 문제로!

3. 금붕어는 결국 어떻게 되었을까?
a) 금붕어는 죽어 이웃집 고양이의 먹이가 되었다.
b) 금붕어는 멀쩡하게 살아남아 좋은 주인을 만났다.
c) 금붕어는 무서워 중병이 들고 얼굴이 하얗게 질렸다.

답(1점):
b) 물론새가 유자지 못 나가서 왔다는 건 말씀하신 거지만, 마주먹고 곤계가 룰까, 이룰까 말이다. 팡다 캐?!

4. 한 과학자가 금붕어도 멀미를 하는지 알아보려고 어항을 흔들어서 물결을 일으켰다. (참, 이 금붕어는 앞에서 나온 그 금붕어가 아니다.) 과학자는 어떤 사실을 알았을까?
a) 뭐, 멀미라고? 웃기시네! 물고기가 멀미는 무슨 멀미. 파도를 얼마나 좋아하는데!
b) 금붕어도 멀미를 한다. 아마 금붕어 얼굴이 샛노래졌을걸!
c) 금붕어는 어항을 뛰쳐나와서 과학자의 코를 후려쳤다.

답(1점):
b) 금붕어는 양어서 자다, 그래서 파도에 약하다.

105

무서운 동물 단어 찾기

무서운 동물에 대한 다음 이야기를 읽고 괄호 안 대문자로 쓴 영어 단어를 108쪽에 나오는 알파벳에서 찾아보자!

1. 생물학자들은 북아메리카에 사는 짧은꼬리땃쥐(SHREW)가 세상에서 가장 사나운 사냥꾼이라고 한다. 짧은꼬리땃쥐는 쥐 200마리를 죽일 수 있는 무서운 독을 품고 있다.

2. 악어(CROCODILE)가 물려고 덤비면, 입을 붙잡아서 턱을 다물게 해 주는 게 가장 좋다. 악어가 턱을 다물 때 쓰는 근육은 아주 약해서 연약한 사람도 얼마든지 악어 턱을 다물게 할 수 있다.

3. 고깔해파리는 해파리(JELLYFISH)의 일종이다. 고깔해파리에게 쏘이면 신경이 마비된다. 바하마와 마조르카에서는 고깔해파리에 쏘인 자리에 오줌을 누어 상처를 치료한다. 그게 최고의 치료법이라나 뭐라나.

4. 톱비늘북살모사(VIPER)의 독은 피가 굳는 것을 막아 준다. 그래서 톱비늘북살모사에게 물리면 독 때문에 살점이 녹고 걷잡을 수 없이 피가 나온다. 팔이나 다리를 물리면 때로는 어쩔 수 없이 절단해야 한다.

5. 태평양에 사는 야자집게(CRAB)는 나무에 올라가 코코넛까지 먹는다. 여러분을 만나면 인정사정없이 발가락을 꽉 물어 버릴걸.

6. 1685년 영국 스코틀랜드 노스 로나 섬 연안에서 배 한 척이 뒤집혔다. 배에 타고 있던 쥐들(RATS)은 바닷가로 헤엄쳐 가서 섬사람들이 먹을 것을 모조리 먹어 치웠다. 사람들은 거센 파도 때문에 달아나지도 못하고 모두 굶어 죽었다.

7. 갈라파고스 제도에 사는 뾰족부리핀치(FINCH)는 씨앗을 먹기도 하지만, 둥지를 트는 바닷새의 날개를 쪼아서 흡혈귀처럼 피를 빨아 먹기도 한다.

8. 오카피(OKAPI, 얼룩말과 비슷하게 생겼지만 기린과에 속하는 동물)는 36cm나 되는 기다란 혀로 얼굴과 귀를 핥는다. 여러분도 과연 그렇게 할 수 있을까?

단어 찾기(1점씩 모두 8점)

```
H S I F Y L L E J
B A R C S F E I V
C W E R H S A T H
L I P A K O K A P
E L I D O C O R C
J E V H C N I F O
```

보너스 문제

골로미양카는 러시아 시베리아 바이칼 호에 사는 물고기다. 몸의 약 4분의 1이 기름이어서 햇볕에 있으면 녹아내린다. 또 다른 특징은 무엇일까?

a) 물 위를 걸을 수 있다.

b) 거꾸로 헤엄칠 수 있다.
c) 몸이 투명해서 내장까지 다 보인다.

> **답(2점):**
> c) a)나 b) 같은 재주꾼 물고기는 이 세상에 없다.

곰 조심 퀴즈

북아메리카에 사는 곰들은 무척 사납다. 아메리카검은곰은 몸무게가 사람의 세 배나 된다. 알래스카에 사는 회색곰은 총에 맞아 심장이 뚫렸는데도 사냥꾼의 머리를 물어 절반으로 쪼개 버렸다. 정말 회색곰답게 참 칙칙한 광경이었겠다.

다음에 곰 관련 안전 수칙을 적어 두었으니, 참과 거짓으로 가려 보자.

곰 안전 수칙

답(모두 10점):
참
2. 곰은 피 냄새를 맡을 수 있다. 그래서 다친 사람은 곰에게 손쉬운 먹잇감이다.
3. 얼마든지 떠들어도 좋다. 아무리 조용히 있어도 곰은 사람이 있는 곳을 알고 있다. 하지만 시끄럽게 떠들어 대면 놀라서 달아날지도 모른다. 혹시 곰이 여러분을 보기 전에 여러분이 먼저 곰을 본다면, 그냥 조용히 있는 게 낫다.
6. 천천히 뒤로 물러선다!
8. 회색곰은 누워 있는 사람에게 관심을 보이지 않는다. 하지만 배고픈 회색곰에게 잘못 걸리면 회색곰이 다리를 뜯어 먹을지도 모른다. 만일 회색곰이 다리를 뜯어 먹으면 꼼지락거리지 말고 가만히 있어야 한다. 하지만 흑곰은 몸까지 다 먹으려고 달려들 것이다. 그러니까 달아날 구멍이 없을 때만 죽은 척 연기를 해야 한다.
9. 회색곰을 만났을 때는 나무로 올라가는 게 좋다. 하지만 나무에 오를 수 있는 흑곰은 바지를 물어뜯을지도 모른다.

거짓
1. 그야말로 엉터리 수칙! 곰은 대개 산딸기를 먹는다. 그러니 산딸기가 얼마 없으면 곰은 배가 고파서 그만큼 덤벼들 위험이 크다.
4. 곰은 초콜릿을 좋아해서 멀리서도 초콜릿 냄새를 맡을 수 있다. 여러분이 주는 초콜릿을 고맙게 받을지 모르지만, 곰이 자칫 팔까지 물어 갈지 모르니까 조심하자.
5. 햄버거 냄새가 나면 곰이 모여들 수밖에 없다. 이미 햄버거를 먹었다고 해도 곰은 옷과 숨결에서 햄버거 냄새를 맡을 수 있다.
7. 곰이 보기에 그것은 "야, 맞짱 한번 떠 볼래?"다.
10. 암컷은 새끼를 키울 때 가장 사나워진다.

나는 과학자가 될 수 있을까?

브라질의 과학자 아우구스투 후스키는 어릴 적에 수업을 빼

먹고 숲을 돌아다니면서 꽃을 연구했다. (그래도 시험은 쳐야 했다. 에구, 차라리 수업을 듣고 말지!) 그래서 열다섯 살 때는 라틴 어로 난초 9만 종에 대한 논문까지 썼다. 여러분이 후스키라면, 물속으로 들어가는 새를 어떻게 연구하겠는가?

a) 새를 잡아다 수영장에 풀어 놓고 지켜본다.
b) 새를 쏘아서 해부한다.
c) 채소 속을 파서 머리에 쓰고는 냄새가 고약한 늪으로 들어가 머리만 내밀고 지켜본다.

답(c): 후스키는 채소에 구멍을 뚫고 그것을 모자처럼 쓰고 늪에 숨어서 새들을 오랫동안 지켜보았다. 그리고 물속으로 들어가는 새에 대한 기가 막힌 연구 결과를 발표했다.

섬뜩한 표현

생물학자가 가라사대!

여러분이라면 뭐라고 대꾸하겠는가?

a) 아닌데요, 얘 이름은 상수인데요.
b) 아닌데요, 얘가 얼마나 깔끔한데요.
c) 맞아요, 얘는 똥을 그렇게 먹어 대요.

답(2점):
c) 토끼는 똥을 먹는다. 풀이 워낙 소화가 안 되어서 토끼는 좋은 수를 찾았다. 그건 먹이를 두 번 소화시키는 것이다. 풀을 먹었다가 그 풀이 소화되어 나온 똥을 다시 먹는 것! 벌거숭이두더지쥐도 같은 이유로 새끼에게 똥을 먹인다.

여러분의 점수는?

여러분은 이 장에 나온 자연에서 살아남았지만 생물은 얼마나 배웠을까? 끔찍한 사실을 제대로 알아냈을까? 아니면, 동물적인 본능이 뒤처진 것으로 드러났을까?

득점판

20점 이하	21~35점	36~75점	76점 이상
굼벵이	달팽이	토끼	생물 박사

점수가 별로 높지 않더라도 스테고사우루스가 아닌 걸 아주 다행으로 여기도록! 스테고사우루스는 뇌가 호두만 한 공룡이다. 그리고 요즘 복고풍이 유행이라는데 공룡 이야기나 시작해 볼까?

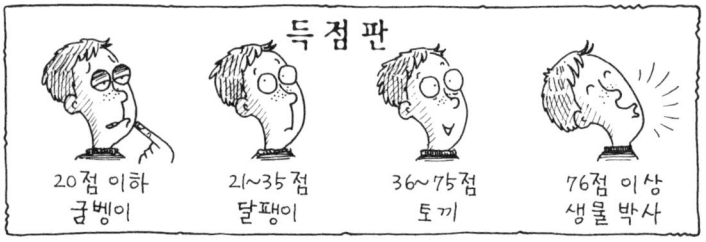

내 스타일이 복고풍이긴 해!

공룡이 용용 죽겠지
(그리고 다른 무시무시한 화석)

이 장에 나오는 퀴즈는 고생물학이다. 뭐, 고생문이 훤하다고? 고생물학은 공룡을 비롯한 고생물을 연구하는 과학 분야다. 여러분에게 고생물학을 가르쳐 줄 고생물학자를 소개한다.

고생물학 X-파일

> 고생물학의 묘미는 드넓은 곳에서 화석을 찾아다니는 일이지. 난 지금 미국 몬태나 주에서 트리케라톱스 뼈를 발굴하고 있어. 그렇다고 재미만 있는 건 아니야. 발굴이 얼마나 힘든 일인데. 하루 일이 끝나면 뼈마디가 화석이 된 양 굳어 버린다니까. 게다가 까다롭기는 또 얼마나 까다로운지 몰라. 공룡 뼈는 박물관으로 가져가서 금이 가지 않도록 조심스레 맞춰야 하거든. 그리고 뼈에 묻은 돌가루는 떨어내고 자세히 연구까지 해야 한다니까.

다음에 나오는 공룡 이름 풀이를 읽으면 공룡이 훨씬 가깝게 느껴질 것이다.

공룡 이름 퀴즈

공룡 이름은 흔히 길고 복잡하고 발음하기도 어렵다. 여러분도 그쯤은 알고 있겠지? 하지만 공룡 이름에 담긴 뜻을 알게 되면 이렇게 복잡한 공룡 이름도 한결 쉬워질걸!

미크로파키케팔로사우루스

공룡 이름은 주로 그리스 어와 라틴 어로 되어 있다. 아래 설명을 읽으면 공룡 이름을 이해하기가 조금은 쉬울 것이다.

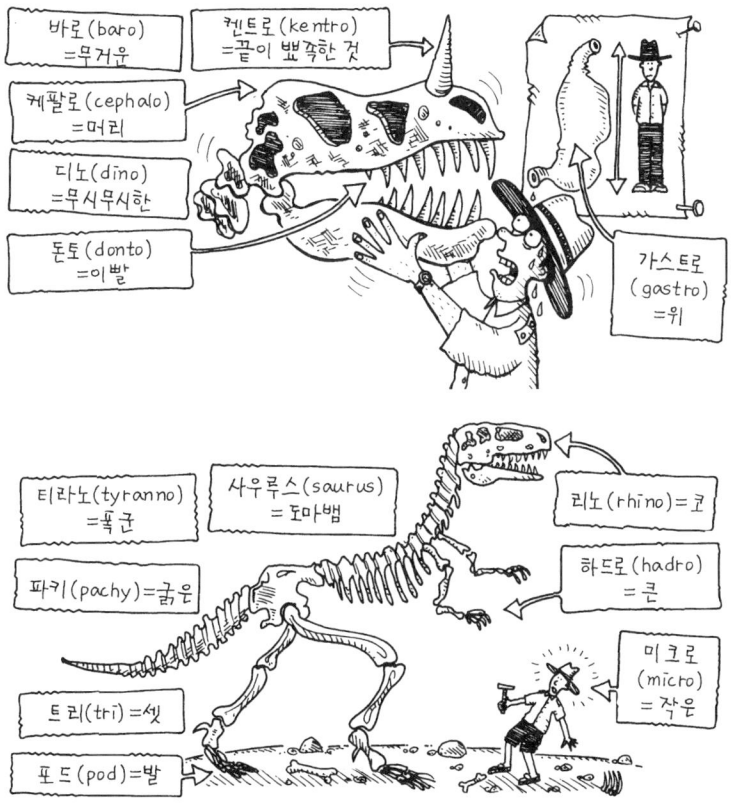

아래에 나온 공룡 이름은 멋대로 지어낸 것이다. 하지만 진짜 이름과 마찬가지로 공룡의 특성이 잘 드러나 있다.

1. 하드로파키케팔로사우루스(hadropachycephalosaurus)
2. 하드로디노돈토사우루스(hadrodinodontosaurus)
3. 바로가스트로사우루스(barogastrosaurus)
4. 미크로리노켄트로사우루스(microrhinokentrosaurus)

공룡 이름에 담긴 뜻을 보면서 공룡 이름과 맞는 그림을 짝지어 보자.

답(맞춘 4점):
1. c) 2. d) 3. b) 4. a)

점수를 더 얻을 기회!

미크로파키케팔로사우루스는 무슨 뜻일까?

답(2점):
미크로파키케팔로사우루스는 머리를 박고 싸우는데, 머리뼈가 아주 두껍고 단단한 공룡 중에 몸집이 아주 작은 공룡을 일컫는 미크로파키케팔로사우루스과에 속하는 공룡의 일종이다.

위험하게 사는 공룡

공룡하고 놀고 싶겠지? 음, 과연 그게 현명한 생각인지 잘 모르겠어. 왜 그런지 궁금하다면 계속 읽어 보도록!

무시무시한 티라노사우루스의 일기 퀴즈

티라노사우루스가 쓴 다음 일기를 읽어 보자. 뭐, 이 일기가 가짜라고 해도 놀라진 않겠지? 왜냐하면, 이 일기에는 티라노사우루스가 절대로 하지 않았을 일이 두 가지 나오기 때문이다. 그것은 무엇일까?

티라노사우루스 렉스의 일기 (기원전 6500만 년 전)

일어났더니 배가 꼬르륵거렸다. 그래서 과일을 좀 먹었다. 형과 싸움이 붙었는데, 형이 내 주둥이를 콱 물었다. 악! 동생에게 이렇게 잔인한 짓을 하다니! 아빠가 우리가 싸우는 소리를 듣고 달려오는 바람에 우리는 부리나케 달아났다. 얼마 전에 아빠가 여동생에게 하는 짓을 보고는 절대로 아빠에게 붙잡히지 말아야겠다고 마음먹었다. 그때 아빠는 시끄러운 여동생을 먹어 버렸고, 여동생은 똥 무더기가 되어 나왔다! 그것뿐이면 말도 안 한다! 아빠 입에서 나는 그 역겨운 냄새! 뭐, 우리 티라노사우루스 종족이 모두 입 냄새가 고약하긴 하지만, 그래도 아빠를 따라갈 사람, 아니 공룡은 아무도 없을 것이다. 점심은 죽은 지 오래된 초식 공룡으로 때웠다. 냄새가 고약했지만, 뭐, 먹을 만했다. 나는 앞발로 살점을 떼어 입에 넣었다. 그런데 뼈다귀를 씹다가 그만 이빨이 하나 부러지고 말았다! 으악! 아, 공룡으로 살아가는 건 너무 힘들다. 차라리 멸종되어 버릴까 보다.

답(2점):
1. 티라노사우루스는 과일을 절대로 먹지 않는다. 그리고 오늘날 우리가 먹는 과일은 공룡 시대에는 있지도 않았다.
2. 티라노사우루스는 앞발이 너무 짧아 입에 닿지도 않았기 때문에 앞발로 먹이를 잡고 먹을 수 없었다.

그밖에 다른 건 모두 사실이다!
1. 머리뼈 화석에 남은 자국으로 보아 새끼 티라노사우루스는 서로 주둥이를 물었던 게 확실하다. (혹시 여러분도 집에서 이런 일을?) 그리고 때로는 어미가 끼어들어 새끼를 잡아먹었다. (부디 여러분 집에서는 이런 일이 없기를 바랄 뿐이다!)
2. 똥 무더기 이야기도 사실이다. 티라노사우루스의 위산은 아주 강해서 뼈를 그냥 녹여 버린다. 똥 화석에서 반쯤 녹은 뼈가 나와 이런 사실이 밝혀진 것!
3. 티라노사우루스는 정말로 입 냄새가 지독했다. 이빨에 바글거리는 세균에서 고약한 냄새가 났기 때문이다. 이 세균이 얼마나 지독한지 어떤 공룡은 티라노사우루스에게 세게 물리고도 살아 달아났지만 세균에 감염되어 죽었다.

보너스 문제
이 티라노사우루스 머리뼈 화석을 자세히 보자. 어때, 숭숭 뚫린 구멍이 여럿 보이지? 그렇다면 티라노사우루스가 살아 있을 때 이 구멍에는 무엇이 들어 있었을까?
a) 공기

b) 뇌
c) 근육

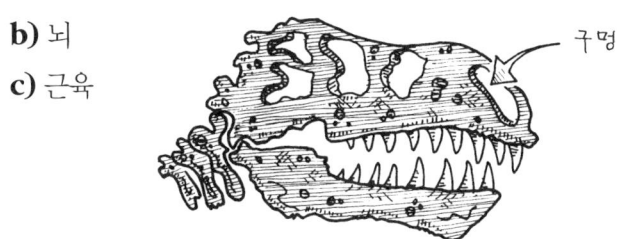
구멍

> 답(2장):
> e) 머리뼈에 숨기가 들어 있어 공룡 머리뼈가 아주 컸다. 구멍은 머리뼈를 가볍게 하기 위해 있었다. 또 근육이 이 공간에 있어서 머리를 잘 움직일 수 있었다. 머리뼈, 이빨 그리고 사냥하는 사람들에 대한 이야기는 잘 알려져 있다.

용각류 공룡의 비밀 퀴즈

다음 퀴즈의 주인공은 용각류 공룡이다. 용각류 공룡은 목과 꼬리가 기다란 큰 공룡이었다.

좋았어! 이제 내가 주인공이란 말이지?

아래 빠진 낱말을 보고 빈칸을 채워 보자.

빠진 낱말:

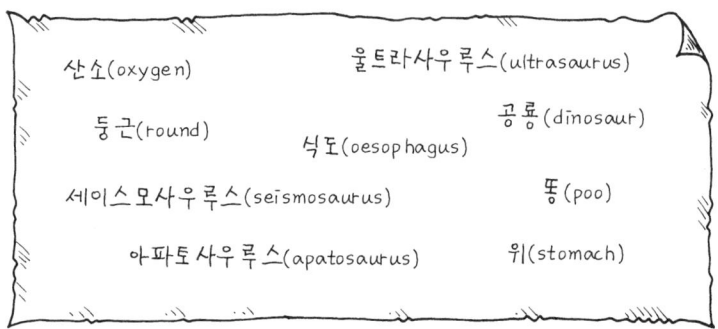

산소(oxygen)
둥근(round)
식도(oesophagus)
울트라사우루스(ultrasaurus)
공룡(dinosaur)
세이스모사우루스(seismosaurus)
똥(poo)
아파토사우루스(apatosaurus)
위(stomach)

도움말: 빠진 낱말을 순서대로 바르게 쓰고 그에 따른 영어 첫 글자를 모으면 어떤 공룡의 영어 이름이 된다. (그 이름을 맞히면 1점을 더 받는다.)

1. 용각류 공룡은 돌을 찾으려고 수 km를 걸어 다녔다. 돌은 용각류 공룡의 큰 ＿＿＿에 들어가 먹은 것을 잘게 부수고 소화를 도왔기 때문이다. 용각류 공룡은 알맞은 돌을 찾기 위해서 무려 20km를 걸었다고 한다.

2. 여러분이 ＿＿＿을(를) 애완동물로 키우고 싶다면 공원만 한 마당과 물을 먹일 호수와 축구장만 한 창고를 마련해야 할 것이다.

3. ＿＿＿은(는) 그보다 더 엄청났다. 스쿨버스 세 대를 나란히 이어 놓은 길이에, 코끼리 스무 마리분의 몸무게를 자랑했다. 육식 공룡 중에 가장 덩치가 크다는 공룡도 감히 덤비지 못했다.

4. 용각류 공룡은 굽이 높은 구두를 신었다! 발바닥에는 걸을 때 충격을 줄여 주는 천연 _____이(가) 달려 있었다. 덕분에 용각류 공룡은 늘 발이 조금 들려 있어서 발을 들어 올리기가 쉬웠다.

5. 어떤 용각류 공룡은 돌 때문에 목숨을 잃었다. 포도 알만 한 조약돌이 _____에 걸리는 바람에 굶어 죽은 것이다.

6. 과학자들은 용각류 공룡이 _____을(를) 엄청나게 쌌다고 생각한다. 그런데 우리는 용각류 공룡이 싼 엄청난 것을 왜 못 찾았을까? 과학자들은 딱정벌레가 그것을 땅에 묻고 먹었기 때문이라고 믿는다.

7. 다른 공룡과 마찬가지로 용각류 공룡은 _____을(를) 들이마셨다. 그래서 폐가 아주 컸다.

8. 모든 _____이(가) 그렇듯이 용각류 공룡은 총배설강이라고 하는 구멍으로 똥오줌을 누었다. 이 구멍으로 알을 낳기도 했다.

9. 용각류 공룡 중에서는 _____이(가) 가장 컸다. 그 덩치가 어찌나 컸던지 꼬리를 밟혀도 90초 동안이나 느끼지 못하고 3분 동안 아무 움직임이 없었다. 어이구, 그러니 멸종하지.

답(모두 10점):
1. 위 위를 살펴보면 20km를 걸어서 돌을 찾아 먹었다는 걸 알 수 있다.
2. 아파토사우루스(용각류 공룡의 하나)
3. 울트라사우루스
4. 둥근
5. 식도
6. 똥
7. 산소
8. 공룡
9. 세이스모사우루스
10. sauropods 빠진 낱말의 첫 글자를 모두 모으면 용각류 공룡을 뜻하는 영어 단어가 된다.

보너스 문제

아파토사우루스 내장을 길게 늘이면 그 길이는 얼마나 될까?

a) 8m(사람 내장 길이와 비슷하다.)

b) 60m

c) 302m

답(2점):
c) 용각류 공룡 내장은 생각보다 훨씬 길었다. 용각류 공룡이 먹는 식물은 아주 질기기 때문에 그 식물을 소화하려면 내장이 길어야지.

새끼 공룡 키우기 퀴즈

과학자들은 공룡이 만든 둥지 화석을 보면서 공룡 가족이 어떻게 살았는지 알게 되었다. 공돌이 박사가 쓴 새끼 공룡 키우기에는 잘못된 곳이 여섯 군데 있는데, 어떤 것인지 찾아보자.

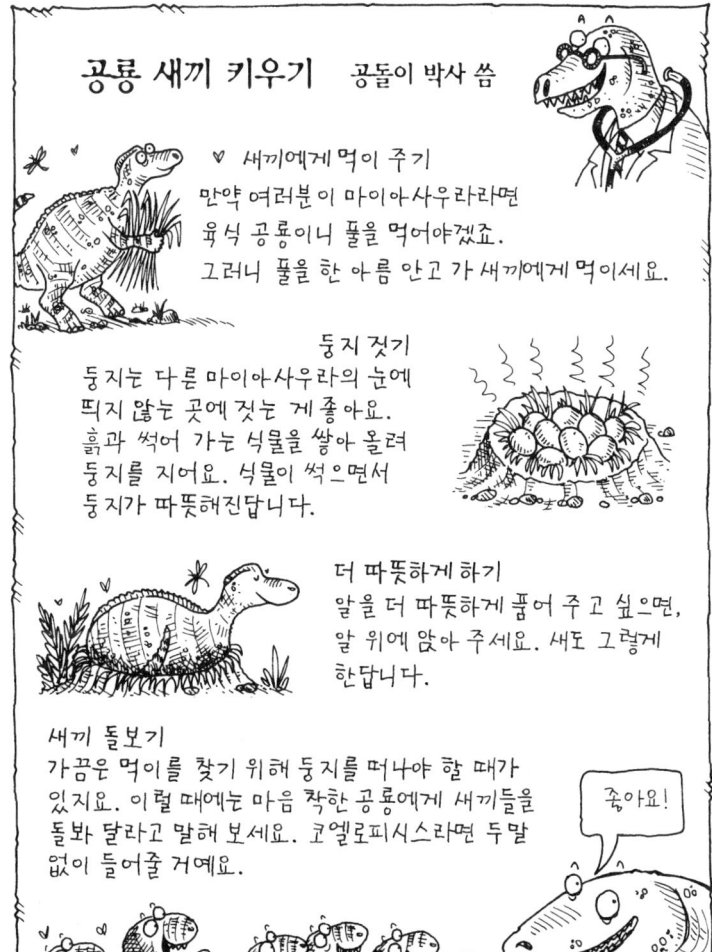

답(모두 6점):
1. 육식 공룡은 식물을 먹지 않고 다른 동물의 고기를 먹고 사는 공룡을 말한다. 마이아사우라는 초식 공룡이었다.
2. 마이아사우라는 새끼들에게 풀을 먹이지 않은 것으로 보인다. 공룡 시대에는 아직 풀이 나지 않았기 때문이다.
3. 공룡은 앞발로 먹이를 들 수가 없었다.
4. 마이아사우라는 새끼들을 지키기 위해서 다른 마이아사우라와 무리를 지어 둥지를 틀었다.
5. 만약 어미가 알 위에 앉는다면, 알이 우직 깨지고 말 것이다. 알 껍데기는 새끼가 알껍데기로 숨을 쉴 수 있도록 매우 얇았기 때문이다.
6. 코엘로피시스는 마이아사우라가 나오기 1억 4000만 년 전에 이미 멸종했다. 게다가 코엘로피시스는 배가 고프면 제 새끼마저 잡아먹는 야만스런 포식자였다. 어이구, 차라리 고양이에게 생선을 맡기지그래!

보너스 문제

새끼 공룡은 아주 작았다. 그리고 티라노사우루스 같은 공룡은 제 새끼를 잡아먹었다. 그런데 다른 공룡은 왜 제 새끼를 잡아먹지 않았을까? 그랬다면 공룡은 진작 멸종했을 텐데.

a) 용케 빠져나간 새끼들이 있었다.

b) 새끼 공룡은 맛이 더럽게 없었다.

c) 새끼 공룡은 무척 귀엽게 생겨서 어미의 사랑을 한 몸에 받았다.

> **답(2점):**
> c) 믿거나 말거나 새끼 공룡은 귀여운 얼굴(눈과 머리통만 커다란, 조그맣고 연약한 모습)로 어미를 완전히 녹여 버렸다고 한다. 이다음에 엄마 아빠가 동생이 귀여워 어쩔 줄 몰라 하면, 공룡도 제 새끼 귀한 줄은 알더라고 말해 주자!

첫 번째 특별 보너스 문제

이 문제를 맞히면 점수가 무려 12점이다! 힙셀로사우루스의 알 하나로 스크램블드에그를 해 먹는다면 몇 명이 먹을 수 있을까? 단, 한 번에 맞혀야 한다! (도움말: 70과 80 사이의 숫자다.)

> **답(12점):**
> 76명

두 번째 특별 보너스 문제

과학자들은 6500만 년 전에 운석이 지구와 충돌하여 공룡이 멸종했다고 믿는다. 운석이 충돌한 흔적을 찾아낸 사람은 다재다능한 미국 과학자 루이스 앨버레즈(1911~1988년)였다. 다음 보기 중에서 앨버레즈가 한 일을 두 가지만 찾아보자.

a) 대통령 암살 사건을 조사했다.
b) 풍선껌을 발명했다.
c) 가변 초점 안경을 발명했다.
d) 온전한 티라노사우루스 뼈를 최초로 발견했다.
e) 나이아가라 폭포에서 번지 점프를 했다.

> 답(2점씩 모두 4점):
> a), c) 어떤 사람들은 1962년 케네디 암살 사건 때 암살자 여러 명이 케네디를 쏘았다고 주장했다. 하지만 앨버레즈는 암살자가 한 명이었음을 밝혀냈다.

화들짝 화석 퀴즈

이번 퀴즈는 '확률 50% 퀴즈' 되겠다. 문제마다 보기가 2개밖에 없으므로 답을 맞힐 확률이 50%나 된다! 아무래도 너무 쉬운 것 같지? 그래서 답을 틀리면 1점씩 깎기로 한다.

1. 1996년에 도둑들이 훔친 화석은?
a) 티라노사우루스의 알. 글쎄, 도둑들은 알 화석을 부화해 공룡을 만들 생각이었단다.
b) 세상에 하나밖에 없는 스테고사우루스의 발자국 화석

2. 다음 중 공룡과 같은 시대에 살았던 동물은?
a) 개구리
b) 박쥐

3. 크리올로포사우루스를 발견한 윌리엄 해머는 크리올로포사우루스를 왜 '엘비사우루스'라고 불렀을까?
a) 공룡이 팝 스타 엘비스 프레슬리(1935~1977년)처럼 목소리가 우렁찼기 때문에
b) 머리뼈에 볏이 나 있어 엘비스 프레슬리의 머리 모양과 비슷했기 때문에

지라기 록 스타 / 1960년대 록 스타

4. 공룡들이 마구 먹어 대는 바람에 멸종한 것으로 여겼던 은행나무가 발견되었다. 그곳은 어디일까?
 a) 중국에 있는 절 마당
 b) 북극권 근처에 있는 외딴섬

5. 미국에 있는 카네기 자연사 박물관에는 온전한 아파토사우루스 뼈대가 전시되어 있다. 단, 머리뼈만 빼고! 어떻게 된 일일까?
 a) 머리뼈 없이 몸통뼈만 전시했다.
 b) 다른 공룡의 머리뼈를 아파토사우루스의 몸통뼈에 맞추어 전시했다.

6. 화석은 한때 뼈였다. 그런데 뼈는 비교적 가볍다. 그렇지 않으면 여러분은 아침마다 잠자리에서 일어날 수도 없을 테니까. 그런데 박물관에 전시한 뼈 화석은 왜 쇠막대로 받쳐 놓았을까?

a) 뼈 화석은 단단한 돌이기 때문에
b) 공룡 뼈는 사람 뼈보다 무겁기 때문에

7. 블랙 뷰티(Black Beauty)와 수(Sue)는 무엇일까?
a) 공룡 화석 탐사대가 데려간 말의 이름
b) 티라노사우루스의 뼈대

8. 미국 회사 디노 드롭스(Dino Drops)에서는 무엇을 팔까?
a) 공룡똥으로 만든 장신구
b) 공룡 모양으로 만든 사탕

9. 캐나다 액슬하이버그 섬에 갔는데 너무 추우면 어떻게 하겠는가?
a) 화석으로 불을 피운다.
b) 동굴처럼 생긴 공룡 머리뼈 속으로 쏙 들어간다.

10. 할루시제니아는 무엇일까?
a) 날개가 달린 공룡
b) 양쪽으로 다리 일곱 쌍, 촉수 일곱 쌍, 돌기 일곱 쌍이 달린 선사 시대 동물

답(모두 10점) :
1. a) 도둑들은 단단한 바위에 박혀 있던 티라노사우루스의 알 화석을 캐어 갔다.
2. a) 화석을 연구하면, 개구리가 공룡과 같은 시대에 살았다는 걸 알 수 있다. 개구리는 공룡보다 빨리 태어나 공룡이 멸종한 뒤에도

살아남았다.
3. b) 머리뼈에 난 볏이 엘비스 프레슬리의 머리 모양과 비슷했다.
4. a)
5. b) 아파토사우루스 머리뼈가 어떻게 생겼는지 아무도 몰랐기 때문에 일어난 실수였다. 사실 공룡 뼈대를 다 모아 전시하는 박물관은 매우 드물다. 박물관에 전시한 공룡 뼈대는 거의 여러 동물들 뼈를 모아서 만든 것이다.
6. a) 동물 뼈는 화석으로 변하는 과정에서 자취도 없이 사라진다. 그리고 뼈가 있던 자리는 광물이 쌓인다.
7. b) 블랙 뷰티와 수는 티라노사우루스의 머리뼈 화석이다. 블랙 뷰티는 마그네슘 때문에 검게 변해서, 수는 화석을 발굴한 과학자 이름을 따서 지은 것이다.
8. a) 디노 드롭스는 공룡똥 화석으로 와이셔츠 단추와 넥타이핀을 만들어 판다. 혹시 와이셔츠를 입으면 구린내가 나지는 않았을까?
9. a) 액슬하이버그 섬은 북극에서 겨우 1,094km밖에 떨어져 있지 않아서 날씨가 매우 춥다. 이곳에는 4500만 년 된 나무 화석이 있는데, 어찌나 잘 보존되어 있는지 아직도 불에 탈 정도다. 물론 진정한 과학자라면 추위에 떨지 않으려고 화석을 태우느니 얼어 죽는 길을 택하겠지?
10. b) 할루시제니아는 아마 세상에서 가장 이상한 화석일걸. 뭐? 화석만큼 오래된 화학 선생님이 더 이상하다고? 또 뭐? 할루시제니아를 애완동물로 키우고 싶다고? 그건 안 될걸. 할루시제니아는 5억 년 전에 멸종했거든.

고통스런 고대 동물 퀴즈

이번에는 셈만 잘해도 답이 나오는 퀴즈이다. 그리고 계산기로 셈해도 좋다.

먼저 137에 900을 더한다.

1. 지구 생물에 대한 책이 있다고 해 보자. 그중에서 사람이 마지막 쪽 마지막 두 줄을 장식한다면, 전체 쪽수는? (137 더하기 900 빼기 37)

2. 1900년대 중국 베이징 근처 저우커우뎬에서 사람 뼈 화석이 나왔다. 그게 화석일 줄 꿈에도 몰랐던 마을 사람들은 그걸 갈아서 약으로 먹었다. 저우커우뎬에서 나온 그 사람의 나이는? (1번 답 곱하기 200)

3. 옛날 알래스카 날씨는 지금보다 훨씬 따뜻했다. 그래서 알래스카에는 코끼리, 사자, 낙타가 살았다. 그게 얼마 전 일일까? (2번 답 빼기 188,000)

4. 말이 최초로 나타난 때는 4천만 년 전이다. 그때 말 키는 몇 cm였을까? (3번 답 빼기 11,970)

5. 브론토테륨('천둥 야수'라는 뜻)은 덩치가 하마와 비슷했다. 나뭇잎과 열매를 먹었고, 뿔이 두 개로 갈라져 있었다. 브론토테륨은 지금부터 몇백만 년 전에 살았을까? (4번 답 더하기 5)

6. 코끼리는 지금부터 몇백만 년 전에 처음 나왔을까? (5번 답 더하기 5)

답(모두 6점):
1. 1,000쪽
2. 200000세
3. 12000년
4. 30cm(이런 말에 올라탔다가는 말이 쭉 뻗겠다.)
5. 3500만 년 전
6. 4000만 년 전(처음 나온 코끼리는 덩치가 돼지와 비슷했고 긴 코와 상아도 없었다. 아마 빵도 좋아하지 않았을걸.)

여러분의 점수는?

이제 화석이라면 박사가 되었겠지? 설마 과학 이야기만 나오면 스테고사우루스처럼 머리가 멍해지는 건 아니지? 여러분은 멸종하게 될까? 아니면 자신의 식성을 알게 될까?

좋은 소식과 나쁜 소식

지금까지 우리는 메스꺼운 문제를 풀고 흥미진진한 사실을 배워 보았다. 안타깝게도 이제는 마무리를 해야겠다. 그리고 더 이상 퀴즈도 없다. 하지만 기운 내도록! 이제부터 친구나 선생님에게 퀴즈를 내는 재미있는 시간이 기다리고 있으니까! 참, 다음 장도 꼭 읽도록!

앗, 이렇게
재미있는 과학이!

과학의 범위는 매우 넓은 게 사실이다. 따지고 보면, 과학이란 폭이 넓은 학문이 서너 가지 모여서 이루어졌기 때문! 그래서 선생님은 여러분에게 수많은 과학적 사실을 외우도록 시킨다. 하지만 기운 내도록! 과학적 사실이라고 해서 지루한 것만 있는 건 아니니까!

그중에는 정말 멋진 과학적 사실도 있다. 굉장하고, 흥미진진하고, 끔찍하고, 섬뜩하고, 우습고, 유용한 사실이 많다. 게다가 유용한 사실은 그저 흥미로운 것에 그치지 않는다. 앞으로 일어날 새로운 발견과 과학적 발명을 이해하는 데 실마리가 될 수도 있다.

그리고 여기에 그걸 보여 주는 마지막 문제가 있다.

인공 지능 화장실이 정말 있을까?

답(2점):

있다! 일본 오므론 다테이시 전자 회사가 발명한 인공 지능 화장실은 오줌을 실험하여 병에 걸렸는지 어떤지 알아보고 그 결과를 화면에 나타내 준다.

앗, 시리즈 (전 70권)

수많은 교사와 학생들이 한눈에 반한 책.

전 세계 2천만 독자의 인기를 독차지한 〈앗, 시리즈〉는 수학에서부터 과학, 사회, 역사까지, 공부와 재미를 둘 다 잡은 똑똑한 학습교양서입니다.

수학

- 01 수학이 모두 모여 수군수군
- 02 수학이 수리수리 마술이
- 03 수학이 수군수군
- 04 수학이 또 수군수군
- 05 수학이 자꾸 수군수군 1. 셈
- 06 수학이 자꾸 수군수군 2. 분수
- 07 수학이 자꾸 수군수군 3. 확률
- 08 수학이 자꾸 수군수군 4. 측정
- 09 대수와 방정맞은 방정식
- 10 도형이 도리도리
- 11 섬뜩섬뜩 삼각법
- 12 이상야릇 수의 세계
- 13 수학 공식이 꼬물꼬물
- 14 수학이 꿈틀꿈틀

과학

- 15 물리가 물렁물렁
- 16 화학이 화끈화끈
- 17 우주가 우왕좌왕
- 18 구석구석 인체 탐험
- 19 식물이 시끌시끌
- 20 벌레가 벌렁벌렁
- 21 동물이 뒹굴뒹굴
- 22 화산이 왈칵왈칵
- 23 소리가 속삭속삭
- 24 진화가 진짜진짜
- 25 꼬르륵 뱃속여행
- 26 두뇌가 뒤죽박죽
- 27 번들번들 빛나리
- 28 전기가 찌릿찌릿
- 29 과학자는 괴로워?
- 30 공룡이 용용 죽겠지
- 31 질병이 지끈지끈
- 32 지진이 우르쾅쾅
- 33 오싹오싹 무서운 독
- 34 에너지가 불끈불끈
- 35 태양계가 티격태격
- 36 튼튼탄탄 내 몸 관리
- 37 똑딱똑딱 시간 여행
- 38 미생물이 미끌미끌
- 39 의학이 으악으악
- 40 노발대발 야생동물
- 41 뜨끈뜨끈 지구 온난화
- 42 생각번뜩 아인슈타인
- 43 과학 천재 아이작 뉴턴
- 44 소름 돋는 과학 퀴즈

사회 · 역사

- 45 바다가 바글바글
- 46 강물이 꾸물꾸물
- 47 폭풍이 푸하푸하
- 48 사막이 바싹바싹
- 49 높은 산이 아찔아찔
- 50 호수가 넘실넘실
- 51 오들오들 남극북극
- 52 우글우글 열대우림
- 53 올록볼록 올림픽
- 54 와글와글 월드컵
- 55 파고 파헤치는 고고학
- 56 이왕이면 이집트
- 57 그럴싸한 그리스
- 58 모든 길은 로마로
- 59 아슬아슬 아스텍
- 60 잉카가 이크이크
- 61 들썩들썩 석기 시대
- 62 어두컴컴 중세 시대
- 63 쿵쿵쾅쾅 제1차 세계 대전
- 64 쾅쾅탕탕 제2차 세계 대전
- 65 야심만만 알렉산더
- 66 위풍당당 엘리자베스 1세
- 67 위엄가득 빅토리아 여왕
- 68 비밀의 왕 투탕카멘
- 69 최강 여왕 클레오파트라
- 70 만능 천재 레오나르도 다 빈치

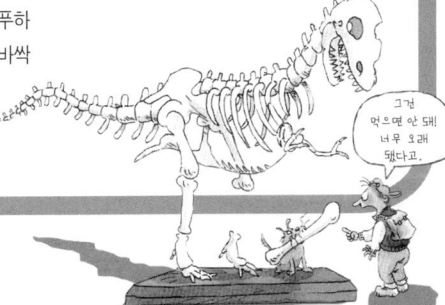

전 세계 2천만 독자가 함께 읽는
<앗, 시리즈>